Notes de Guillaume le Bé

décrit par H. Omont - Spécimens de caractères hébreux gravés à Venise et à Paris, par Guillaume le Bé, 1887

אם ימלאו העבים גשם על־הארץ
יריקו ואם־יפול עץ בדרום ואם
בצפון מקום שיפול העץ שם יהוא
רבי מת בן חמר אומר : אל תאמר
כשאפנה אשנה שמא לא תפנה :
עבסך לך יוסף דנילך טגרה זצהום
בפאריש גוליאלמו ליבי צארפתי : 1565.

Ceste grosse lettre est de la taille de feu Michel du Boys / quil tailla a Venise pr le Magnifique messer Marco Antonio Justinian Gentilhomme Venitien / laquelle pr Lévy dit ... fayt refayr.

אברהם יצחק נד
יעקב משה אהרן
דוד שלמא תשר
צפעס נמלך יטחז
אבבגנוו וטכבכף
סנסספצתתוצז

Cest grosse lettre Hebraiq escripte de [illegible] main
Jacob de mantoue [illegible] translatee a [illegible]
lequel me bailla une frappe a Mazo de Parenza [illegible]
[illegible] / [illegible] de [illegible] traictz de plume [illegible]
[illegible]

ארבעה דברים קשים
זה מזה מכת כלב קשה
בנוף חולי מעיים קשה
ממכת כלב אשה רעה
קשה משתיהן וחסרין
כסי קשה מכלם יפנוט
פאץ בלך כצנך תוחוט
הכר נעך זוף בכחך רצ

Les deux grosses lettres escriptes y a de Sainct Denis / Ma
nuel taillez furent apportees de Constantinoble a d
J'ay un povre viel Juif pensant quelles fussent aussi rares
Venise ... Levant

grosse lettre est de ma facon faicte a Venise en l'an 1548
l'eschantillon de la precedente / taillee pour

יחי המלך

בְּאוֹר פְּנֵי מֶלֶךְ חַיִּים וּרְצוֹנוֹ כְּעָב
מַלְקוֹשׁ׃ חֶסֶד וֶאֱמֶת יִצְּרוּ מֶלֶךְ
וְסָעַד בַּחֶסֶד כִּסְאוֹ׃ מֶלֶךְ יוֹשֵׁב עַל
כִּסֵּא דִין מְזָרֶה בְעֵינָיו כָּל רָע׃
פַּלְגֵי מַיִם לֵב מֶלֶךְ בְּיַד יְהוָה עַל
כָּל אֲשֶׁר יַחְפֹּץ יַטֶּנּוּ׃ יְרָא אֶת
יְהוָה בְּנִי וָמֶלֶךְ עִם שׁוֹנִים אַל
תִּתְעָרָב׃ רְצוֹן מְלָכִים שִׂפְתֵי
צֶדֶק וְדֹבֵר יְשָׁרִים יֶאֱהָב׃ חָזִיתָ
אִישׁ מָהִיר בִּמְלַאכְתּוֹ לִפְנֵי
מְלָכִים יִתְיַצָּב בַּל יִתְיַצֵּב לִפְנֵי
חֲשֻׁכִּים׃ בויניציאה

גוליאלמו ליבי צרפתי׃

[illegible] 1541 [illegible]

לדוד בשנותו את טעמו לפני אבימלך ויגרשהו וילך

אברכה את יהוה בכל עת תמיד תהלתו בפי :
ביהוה תתהלל נפשי ישמעו ענוים וישמחו :
גדלו ליהוה אתי ונרוממה שמו יחדו :
דרשתי את יהוה וענני ומכל מגורותי הצילני :
הביטו אליו ונהרו ופניהם אל יחפרו :
זה עני קרא ויהוה שמע ומכל צרותיו הושיעו :

חנה מלאך יהוה סביב ליראיו ויחלצם : טעמו וראו כי טוב יהוה
אשרי הגבר יחסה בו : יראו את יהוה קדשיו כי אין מחסור
ליראיו : כפירים רשו ורעבו ודרשי יהוה לא יחסרו כל טוב :
לכו בנים שמעו לי יראת יהוה אלמדכם : מי האיש החפץ חיים
אהב ימים לראות טוב : נצר לשונך מרע ושפתיך מדבר מרמה :
סור מרע ועשה טוב בקש שלום ורדפהו : עיני יהוה אל צדיקים
ואזניו אל שועתם : פני יהוה בעשי רע להכרית מארץ זכרם :
צעקו ויהוה שמע ומכל צרותם הצילם :

קרוב יהוה לנשברי לב ואת דכאי רוח יושיע : רבות רעות צדיק ומכלם יצילנו
יהוה : שמר כל עצמתיו אחת מהנה לא נשברה : תמותת רשע רעה ושנאי
צדיק יאשמו : פודה יהוה נפש עבדיו ולא יאשמו כל החוסים בו :

הבטחים ביהוה כהר ציון לא ימוט לעולם ישב : ירושלם הרים סביב לה ויהוה
סביב לעמו מעתה ועד עולם : כי לא ינוח שבט הרשע על גורל הצדיקים
למען לא ישלחו הצדיקים בעולתה ידיהם : היטיבה יהוה לטובים ולישרים
בלבותם : והמטים עקלקלותם יוליכם יהוה את פעלי האון שלום על ישראל :

שֵׁת אֱנוֹשׁ׃ קֵינָן מַהֲלַלְאֵל יָרֶד׃ חֲנוֹךְ
מְתוּשֶׁלַח לָמֶךְ׃ נֹחַ שֵׁם חָם וָיָפֶת׃ בְּנֵי יֶפֶת
גֹּמֶר וּמָגוֹג וּמָדַי וְיָוָן וְתֻבָל וּמֶשֶׁךְ וְתִירָס׃
וּבְנֵי גֹּמֶר אַשְׁכְּנַז וְרִיפַת וְתוֹגַרְמָה׃ וּבְנֵי יָוָן
אֱלִישָׁה וְתַרְשִׁישָׁה כִּתִּים וְדוֹדָנִים׃ בְּנֵי חָם
כּוּשׁ וּמִצְרַיִם פּוּט וּכְנָעַן׃ וּבְנֵי כוּשׁ סְבָא
וַחֲוִילָה וְסַבְתָּא וְרַעְמָא וְסַבְתְּכָא וּבְנֵי רַעְמָה
שְׁבָא וּדְדָן׃ וְכוּשׁ יָלַד אֶת־נִמְרוֹד הוּא הֵחֵל
לִהְיוֹת גִּבּוֹר בָּאָרֶץ׃ וּמִצְרַיִם יָלַד אֶת־לוּדִיִּים
וְאֶת־עֲנָמִים וְאֶת־לְהָבִים וְאֶת־נַפְתֻּחִים׃
וְאֶת־פַּתְרֻסִים וְאֶת־כַּסְלֻחִים אֲשֶׁר יָצְאוּ מִשָּׁם
פְּלִשְׁתִּים וְאֶת־כַּפְתֹּרִים׃ וּכְנַעַן יָלַד
אֶת־צִידוֹן בְּכֹרוֹ וְאֶת־חֵת׃ וְאֶת־הַיְבוּסִי וְאֶת־
הָאֱמֹרִי וְאֶת הַגִּרְגָּשִׁי׃ וְאֶת־הַחִוִּי וְאֶת־הַעַרְקִי

זכריה

וְהָיָה בַּיּוֹם הַהוּא לֹא־יִהְיֶה אוֹר יְקָרוֹת
יִקְפָּאוֹן׃ וְהָיָה יוֹם־אֶחָד הוּא יִוָּדַע
לַיהוָה לֹא־יוֹם וְלֹא־לָיְלָה וְהָיָה לְעֵת־
עֶרֶב יִהְיֶה־אוֹר׃

והיה ביום ההוא· ביום שזכר שהיה בו האות יהיה זה הענין שלא יהיה אור יקרות וקפאון· ופי׳ על דרך משל שלא יהיה אור היום ההוא בהיר והוא אור יקרות· כמו וירח יקר הולך· ולא אור קפאון והוא קפוא ועב שהוא כמו חשך· ופי׳ שלא יהיה היום ההוא כלו לא כאור ולא כחשך· כלו׳ לא ברוחה ולא בצרה כי שתיהם יהיו בו· וכן אמר אחריו ולא יום ולא לילה· וי״ת לא יהא נהורא אלהין עדי וגליד: והיה יום אחד: אותו היום יהיה יום מיוחד לה׳ שיודע בו בגבורותיו ובנפלאותיו שיעשה באותו היום: לא יום ולא לילה: לא יהיה כולו יום ולא כולו לילה· כלו׳ לא יהיה כלו צרה ולא כלו רוחה והיה לעת ערב יהיה אור· לעת הצרה הגדולה שיצא העיר בגולה אז יצא ה׳ ונלחם בגוים ההם:

בפאריש גוליאלמו ניבי נרפתי עשה׳ בחדש ניסן בשנת

1592.

Ceste glose faicte a Paris 1574 le [illegible] 14 6
[illegible] fait sur [illegible] de la precedente [illegible] la grossiere
mais d'ung meilleur art. Et de puis a esté imprimee la grande
Bible de Anvers [illegible] Plantin [illegible]

de ma. 12

ספר תהלים

מכין הרים בכחו נאזר בגבורה: משביח שאון
ימים שאון גליהם והמון לאמים: וייראו ישבי
קצות מאותתיך מוצאי בקר וערב תרנין:
פקדת הארץ ותשקקה רבת תעשרנה פלג
אלהים מלא מים תכין דגנם כי כן תכינה:

Au. 14

מכין · בעבור שהזכיר הארץ הזכיר ההרים בעבור שהם כמו עמודים וטעם נאזר בגבורה שנראתה גבורת השם בהרים הגבוהים שברא על כן נקראו הררי אל ולפי דעתי שהזכיר שהוא מבטח הדבר שאיננו נראה וגבורתו נראית בבריאת הגדולות: משביח · כמו תשבחם משקיט כדרך אתה מושל בגאות הים בעבור שהזכיר ויש רחוקים וטעם והמון לאומים הנמשלים למים כמו את מי הנהר העצומים והנה השם יושיעם מהגבורת ומהצר: וייראו יושבי קצות · כנגד בית המקדש: מאותותיך · והם גבורות המטר כמו עושה גדולות עד אין חקר וטעם מוצאי בקר האותות הנראות בבקר ובערב בעבור ירננו בני אדם והנה יהיה מלת תרנין יונחה לשני פעלים ורבי משה אמר כי תחלת היום והלילה שסוף זה תחלת זה הם סבת הרננה: פקדת · זה הפסוק לאות על שנת בצורת היתה בציון וחשב האויב לבא על ציון להביאה במצור והשם פקדה אדנו שהיא ארץ ישראל · ויש אומרים תשוקקיה כמו ותשקיה ואין זה נכון והעד ונפש שוקקה רק הוא כמו וירם תולעים ויבאש ונבר באש וכנה רבים וכן הוא פקדת הארץ וכבר שוקקתה ובעבור זה הזכיר פקדת:

דניאל ויוסיאל ב"לבנות" פגיתי חוץ לארך ג"באו"ם נויסד הלכה כאתרו מגלח
בפאריס · בעולמנו לבני צרפתי עשה": 1574

עלי בהריגת נוב עיר הכהנים עם שזה היה כלי שסרה הכהונה הגדולה
עלי כי לא נשאר מזרעו כי אם אביתר ובו כרה הכהונה מבית עלי ונתנה
כמו שהתבאר בספר מלכי' ולזה לא מצאנו שנענש שאול בהריגת נוב עיר ה
אף על פי שלא היתה שם סבה תביא להרגם בזה האופן כי גם אחימלך לא
כנגד שאול כמו שספר לו כ"ש שלא חטאו לו כל בית אביו שהרג עמו ולזה
שלא נזכר זה החטא עם החטאים שזכר שחטא בהם שאול כי ה' הקים
לקיים ייעודו:

השלשים וחמשה

הוא להודיע עוצם קשת דוד בעוני ה
עד שעם היותו ירא מאד מפני שאול ה
להציל יושבי קעילה מיד פלשתים כי זאת התכונה ראוי שתהיה לשלם ולמנה

השלשים וששה

הוא להודיע עוצם השגחת השם באוהב
שכאשר היה שאול ואנשיו עוטרים אל דוד
אנשיו לתפשם תקף סבב השם שהוכרח שאול לסור מעל דוד למלט הארץ
פלשתים ואחר זה כאשר ירדפו שאול סבב הש"י שנפל ביד דוד בדרך שהי
יכול להזיק לו וזה היה בהיותו שאול במערה ואחרי כן בהיותו שוכב ישן במ

השלשים ושבעה

הוא להודיע שראוי לאדם שלא יהיה
את השעה אבל ימתין העת הראוי
תמצא שאף על פי שסבר כשנפל שאול ביד דוד והיה רודפו לא הסכים דוד ל
אבל קוה שאיש אחר ינקום נקמתו ממנו או הש"י או יבא יומו למות וימלוך דו

השלשים ושמנה

הוא להודיע שראוי למי שהוא חושק
מה שלא יתגדל בהגעתו במה שאפשר ש
לו ממנו נזק ולזה תמצא כי דוד אע"פ שהיה מותר לו להרוג שאול כי כבר
רודפו והיה זה כלי אל שתהיה המלוכה לדוד לא הסכים בהריגתו פן יהי
מבית האנשים להקל בהריגת המלכים ויביא זה להגיע נזק לדוד או לזרעו ש
משחו השם ית' למלך על ישראל על יד שמואל נביאו ולזאת הסבה הרג דוד ה
העמלקי באמרו שסבר הרג שאול והרג הורג איש בשת בן שאול:

השלשים ותשעה

הוא להודיע שאין ראוי שיתנהג הא
במדת הכילות והכלביות ר"ל ההד
לתכונת הכלב שלא יניח שאר הכלבים להשאר בבית אשר הוא בו פן ימ
מזונו הלא תראה מה שקרה לנבל מעוצם הכילות שהיה לו אשר כמעט היה ס
לאסוף נפשו ונפש ביתו לולי היתה חכמת אביגיל:

הארבעים

הוא להודיע שראוי למי שיפחד מיד שתקיף
לפייסו ברבוי הדורון כמו שעשה יעקב לפייס עשו
עשתה אביגיל לפייס דוד כי [illegible] בזה הדורון [illegible]

ויהי אחרי כן וישאל דוד בה' לאמר וגו' עד וידבר דוד לה' את דברי השירה הזאת. שאחרי כן שאל דוד בה' אם יעלה באחת ערי יהודה ובאתהו התשובה בסוף שיעלה לחברון ושם משחוהו בית יהודה למלוך עליהם וכבר אמר דוד לאנשי יביש גלעד שייטיב להם גמול טוב תחת החסד אשר גמלו לאדוניהם לשאול להשתדל לקחת גויתו וגוית בניו מחומת בית שן וקברו אותם וזרזם שיחזקו ידיהם ויהיו לבני חיל למה שיצום דוד מהמלחמות. והנה אבנר בן נר המליך איש בשת על שאר השבטים זולתי שבט יהודה שהיו אחרי דוד. והנה זכר כי בן ארבעים שנה היה איש בשת בן שאול במלכו ושתי שנים מלך והנה אם לא מלך כי אם שתי שנים יתחייב אחד משלשה דברים אם שימתין אבנר ל להמליכו אחרי מות שאול חמש שנים וחצי תכף מיתת שאול כדי שלא יחזיק דוד בכל ממלכות ישראל והענין השני הוא שימתינו ישראל להמליך דוד עליהם אחרי מות א איש בשת חמש שנים וחצי וזה גם כן רחוק מאד בעיני עם שסבר ...ואל וזה כן שסבי

איש וביתו ג' וסי' נמסר לעיל בספ' חלק א' סימן כ"ז:
בספר סי' י"ד' שר צבא ג' דסמיכי וסי' ואבנר בן נר שר

א ויהי אחרי כן וישאל דוד
ביהוה לאמר האעלה באחת ערי
יהודה ויאמר יהוה אליו עלה ויאמר
דוד אנה אעלה ויאמר חברנה:
ויעל שם דוד וגם שתי נשיו אחינעם
היזרעלית ואביגיל אשת נבל
הכרמלי: ואנשיו אשר עמו העלה
דוד איש וביתו וישבו בערי חברון:
ויבאו אנשי יהודה וימשחו שם
את דוד למלך על בית יהודה ויגדו
לדוד לאמר אנשי יביש גלעד אשר
קברו את שאול:
ה וישלח דוד מלאכים אל אנשי יביש
גלעד ויאמר אליהם ברכים אתם
ליהוה אשר עשיתם החסד הזה עם
אדניכם עם שאול ותקברו אתו:
ועתה יעש יהוה עמכם חסד ואמת
וגם אנכי אעשה אתכם הטובה

ואביגיל ל' בטע' זקף גדול:

ברכים וגם אנכי - והיו תלתיהון במארי לעיל ברף שמתחיל בלי משות בסמן יען כי נסמטו מהם בהעתקת:

ה עד הנה ועתה תק
רגם יונתן תמרי בס
זמריית במליח. ואפ
כי הנני קורא· כא
בלו: משפחות ממלכ
ן אמר על המלכים וא
ר זה על מלכי ארץ ב
מלכות אמר ובאו ונת
גל סראכר רב מגזית
ה ירושלם: ודברת
ים וכן אמר אלי הוא
תנים והוא הדבור פירם
למעשי ידיהם· ב״ה
ן הוא· ועל פי המסור
לכת בזריזות כמו שא
ין אחתך· אם לא תיר
ו מהם אחתך ואפי
בי יהודה· אמר תה
ומות כחטת ומה שא
ין. וי״ת על כל הא
חמו אליך· כמו שת׳ וי
אסורי: באזני ירוש
נסיך הרעים לא אעשה
מי קדם רחמת אבהתך
דעתו באמרו יומי קדם
דמוני׳ ימי נעורים בדר
לאחתן: קדש ישראל
כל זרים אוכליו ים על
ו בסנחריב וכן בנבוכ
ואתה העומר שתרגם
קריבין מניה כהניא בכ
משתא תיתי עליהון אמ
את הפרשה בהבטח

מן הגלבוע אתו וכן מלח
שעט מעט והיה להם למו
לכו ובטלו אחור׃ כלומ׳
הם יד אויביה׳ וכוקשו וכ

דברי

ירמ
אל
בנ

שיהו ותחלת נבואתו ה
שיהו ויהודה מרעתם ו
ורה׃ מן הכהנים · תרג
הוו בירושלם גברא דר
ערי הכהני׳ כמו שכתו׳
תו עם ישראל · ובדרש ב
פני עכתן כמו שאמ׳ אני
ר מן הרעות שעשו לו׃ו
יר מלך בבל וגלתה יר
והענין אחד · וענין בט
נח היסודות הייתי מז
רחם הקדשתיך מלשון
זה שאביו ואמו נזהרו ב
כנה טבעית בעיקר יצ
פי שידע האל ית׳ שירי
נכו ע״ה היה מסרב נ
שה רבינו כבר ידע זה
הוכל טבע שום באדם ו
ך ועד לא אתיתא לעו
דברי תוכחה כי אני כפ
ה החכימה אותם אעפ׳
נביא אחד שהיה בימיו
נער היא בשנים בהכנ
נבי על עמא הדין׃ ו
לו הנבואה בתחילה זו

אלי לאמר׃ בטרם אצורך בבטן ידעתיך ובטרם תצא מרח[ם]
הקדשתיך נביא לגוים נתתיך׃ ואמר אהה אדני יהוה הנה ל[א]
ידעתי דבר כי נער אנכי׃ ויאמר יהוה אלי א[ל]
תאמר נער אנכי כי על כל אשר אשלחך תלך ואת כל אשר א[צוך]
תדבר׃ אל תירא מפניהם כי אתך אני להצלך נאם יהוה׃
וישלח יהוה את ידו ויגע על פי ויאמר יהוה אלי הנה נתתי דב[רי]
בפיך׃ ראה הפקדתיך היום הזה על הגוים ועל הממלכות לנת[וש]
ולנתוץ ולהאביד ולהרוס לבנות ולנטוע׃ ויהי דב[ר]
יהוה אלי לאמר מה אתה ראה ירמיהו ואמר מקל שקד אני ראה׃
ויאמר יהוה אלי היטבת לראות כי שקד אני על דברי לעשתו׃

בספר הזה כל דברי נבואותיו שנבא על ישראל ועל הגוים וכן דברי עצמו מה שה[יו]
קורין לפיכך כתלת נבואתו בעצמן ואלו הן דברי עמוס דברי ירמיהו ז״ל נש...
וכן עמוס ספר בדברי עמוס קשר עליך עמוס וכל הענין כמו שכתוב וכן בתוך...
יהויקי׳ בן יאשיהו וכן בימי צדקיהו עד תום מלכותו שמלך י״א שנה ובשנת אח[ת]...
מלכים׃ בטרם אצורך כן כתי׳ בויו וקרי הצד״י בקמץ חטף כמשפטו עם הכנוי...
האדם ידעו בכח הטבע ואחר כך הוציאו לפעל׃ וכן אמר ישעיהו מעת הי[ותה]...
לפעל ושלחני ברוחו׃ או פי׳ ידעתיך כמו ידעתיך בשם שאמ׳ למשה ומורה עליו...
יש לשאול והלא כל הנביאים והצדיקים וכן הרשעים בטרם הבראם ידעם הא[ל]...
מקודם׃ והחכם הגדול ר׳ משה בר מימון ז״ל כתב כי זה ענין כל נביא אי אפ[שר]...
אם לדעתו לישאל למה לא אמר זה הענין לנביא אחר אלא לירמיהו׃
מוכן לנבואה מן הבטן כדי שיחזק לבו ללכת בשליחות האל׃ ואם תאמר...
אות גדול לחזק את לבו והוא אות הסנה והאותות האחרים לפני פרעה׃ וגם...
יצירת האדם יש הכנה טבעית לנבואה למי שהוא עתיד להתנבא ולא זה בלבד...
היצירה יגבר בה עם ההתלמדות׃ ויונתן תרג׳ הפסוק כן עד לא בריתך...
מכיתך׃ ואומר אהה׃ לשון קריאה על הנער ועל הדאגה ומה שאמר לא...
לו נבואה והוא נער כי הנה גם כן שמואל היה נער בתחלת נבואתו כמו שכת[וב]...
ואעפ״י שהוא גדול בשנים יקרא נער כמו שכתוב ומשרתו יהושע בן נון נער׃
את השליחות לא בידי כמו שאמ׳ משה רבינו שלח נא ביד תשלח׃ והמש...
ואמרית קבל בעותי ה׳ הא לית אנא ידע לאתנבאה ארי רבי אנא ומשריותי...
וכן וילך אלקנה הרמתה על ביתו כמו אל ביתו׃ ומה שאמר אשלחך תלך...
להורות את המלך ואת עמו...

ה אמר אדני יהוה בקבצי את-בית ישראל מן-
העמים אשר נפצו בם ונקדשתי בם לעיני
הגוים וישבו על-אדמתם אשר נתתי לעבדי
קב : וישבו עליה לבטח ובנו בתים ונטעו כרמים וישבו לבטח
שותי שפטים בכל השאטים אותם מסביבתם וידעו כי אני יהוה אתם
היהם : בשנה העשירית בעשרי בשנים
ר לחדש היה דבר-יהוה אלי לאמר : בן אדם שים פניך על-פרעה
ך מצרים והנבא עליו ועל-מצרים כלה : דבר ואמרת כה אמר
ני יהוה הנני עליך פרעה מלך-מצרים התנים הגדול הרבץ בתוך
יו אשר אמר לי יארי ואני עשיתני : ונתתי חחיים בלחייך
בקתי דגת-יאריך בקשקשתיך והעליתיך מתוך יאריך ואת כל-
ת יאריך בקשקשתיך תדבק : ונטשתיך המדברה אותך אתך
ת כל-דגת יאריך על-פני השדה תפול לא תאסף ולא תקבץ
ת הארץ ולעוף השמים נתתיך לאכלה :

בח לקבלך למסתר פתגמי כבותך : להכילך · סלא יתיתוך : הלוך ·
וסלם ומדבר כנגד העיר כאלו מדבר כנגד העם : זכרתי לך חסד נעוריך ·
אנכים המריעים לך כי זכרתי לך חסד נעוריך · וענין חסד נעוריך אהבת
מרי דאזלו בתר תרין סלוחי בתר משה ואהרן במדבר ארבעין שנין בלא
רהם יצחק ויעקב שהיו אנשי חסד · או אהבת כלולותיך פי' חסד נעוריך והכל
שהנערים קודמים לבחורים ולזקני' · ופי' כלולותיך שם מן כלה כי כנסת ישרא
ם שלא יאכלנו זר · ומה שאמר ראשית תבואתה הוא כפל ענין במלות שונו' כי
ראל אף על פי שהקב"ה מביא עליהם האויב הוא נענש עליהם כי זוכר להם
ראל כחרבה בבל כמו שכתוב : תבואתה · כתוב בהא במקום וי"ו כמו אהלה
בית ישראל קדש ה' ועל בזיזהון כדמעא ארמו' על לא דמאן דאכיל מיניה חייב
על גבי מדבחא כל דאכיל מניה מתחייב אף כן כל בזיזהון דבית ישראל
י האלף בסוף" לבדו : הפטרת וארא
שככיהם המריעים להם והאל ית' יעשה בהם שפטים שלא יוכלו להרע עוד :

רדק

וימשחו שם את דוד · ואף על פי שכבר היה נמשח ע"י שמואל אף על פי כן
שם ...לותו עליהם למלך משחוהו : ויגדו לדוד לאמר אנשי יבש גלעד · פי' דבר
יבש גלעד : אשר קברו את שאול · או הוא כמו הסוף אשר קברו אנשי יבש
את שאול : הטובה הזאת · גמול הטובה הזאת : ויעבירהו מחנים · רצה לו'
תחלה מעבר הירדן והעבירהו
מחנים כי הוא מצוע גבול שתי
שבטים וחצי שהרי מחנים גבול
בני גד ובגבול בני מנשה ואף על
פי שידע אבנר כי דוד נמשח
למלך על ידי שמואל היה מתחזק
להעמיד עדין מלכות שאול כפי
שאז"ל ומדרש ויאמר אלהים
אל יעקב אני אל שדי פרה ורבה
גוי אמרו מכאן דרש אבנר
ודרב לאיש בשת בן שאול אמר
הכתוב ומלכים מחלציך י
יצאו ועל בנימן כאמר שלא נולד
עדיין ועד עכשיו לא עמד מ
מבנימן אלא שאול לפיכך לקח
איש בשת וימליכהו אל הגלעד
וגו' : וימליכהו אל הגלעד · אל
במקום על כמו אל ההרים לא
אכל וזולתו · המליכהו תחילה
מעבר לירדן ובארץ ישראל : אל
האשורי ואל יזרעאל ועל אפרים
ועל בנימן · ואחרי אשר אמר על
ישראל כלו למה זכר אלה המקומות
יש לפרש כי בשובו ממחנים
היה · וזה היה אחרי מלחמת
הנערים שסבב אבנר אחרי ה
המלחמה למחנים אל איש בשת
ואז העבירהו אל אלה המקומות
...ירות עד שובו לביתו בארץ

אשר עמו י"א וסי' נמסר לעיל בסיפרא
על בית ועל בית י"ג וסי' נמסר בסדר ש

והוה בתר כן ושאיל דוד במימר
יי למימר האיסק בחדא מקרוי
דבית יהודה ואמר יי ליה סק ואמר
דוד לאן אסק ואמר לחברון :
וסליק תמן דוד ואף תרתין נשוהי
אחינועם דמיזרעאל ואביגיל
איתת נבל דמכרמלא : וגברוהי
דעמיה אסיק דוד גבר ואנש ביתיה
ויתיבו בקירוי חברון : ואתו גברי
שיבט יהודה ומשחו תמן ית דוד
למהוי מלכא על דבית יהודה
וחויאו לדוד למימר גברי יביש
גלעד דקברו ית שאול :
ושלח דוד אזגדין לות אנשי
יבש גלעד ואמר להון בריכין
אתון קדם יי דעבדתון חסדא
הדין עם ריבונכון עם שאול
וקברתון יתיה : וכען יעבד
עמכון טיבו וקשוט ואף אנא
אעביד עמכון טבתא הדא

רבינו ישעיה

בערי חברון · כל
ההר מקרא על שם
חברון והיו בו הרבה
עיירות : בן ארבעים
שנה איש בשת בן
שאול · יש הנה
לתמוה היאך כתב
בע' ויהיו בני שאול
יונתן וישוי ומלכי
שוע ובא.מנה אין
איש בשת והיה כל
כך גדול · יש לומר
אותה שמנה שמנה
שם היו יוצאין עמו
למלחמה ולפיכך מנה
אותם ואיש בשת
היה יושב על ביתו
ולפיכך לא מנאו :

הסבה הפעיד לדוד שלא ישב את אכיש בעיר המלוכה:

רבעים וארבעה והוא בדעות הוא להודיע כי הודעת העתידות תגיע לאדם מצד ההשגחה

בית ולזה ספר שלחטא שאול לא ענהו ה' אפי' על יד אחד מבני הנביאים וכ"ם
ענהו בחלומות הכוזבים ולא באורים כי אף על פי שמרה שהיו שם אורים
ים הנה לא היה שם כהן ראוי שיהיו נשאלים באורים ותמים כי כבר המית
ל השלמים מהכהנים אשר היתה להם הכהונה הגדולה בהרגו נוב עיר
נים ולא היה שם כהן גדול כ"ם שלא היה שם כהן גדול שרוח הקדש שורה
שיתכן שיהיו נשאלים באורים ותמים ולזאת הסבה תמצא שלחטא יהונתן
זו על שבועת אביו לא ענה השם' אל שאול בהיותו נשאל באורים ותמים ושאול
טא כי החטא גרם לו שלא יענהו י' ולזה חקר על פי הגורל במה היתה
טאת הזאת היום ומזה המקום התבאר שהוא אפשר שיגלים השם' מהנביא
קצת העתידות מצד החכמים אשר יקחו תועלת בהודעה ההיא:

רבעים וחמשה הוא להודיע איך שלם השם ית' לשאול את גמולו הוא הרג נב עיר

נים ובא עת שהרגים במה שנפקד ממנו בהריגתם עד שהוכרת לגבות
הגברים הפחותים וגם האובות אשר סבבו הרתיקם ובערם מן הארץ
למען תגיע לו אחזו הודעה בענין המלחמה:

רבעים וששה הוא להודיע שאין ראוי שיתחבר האדם עם הרשעים הלא תראה כי בהתחבר דוד

תים למלחמה פרץ השם' מעשיו והיה זה סבה אל שנשרפה צקלג ושבו
ו והטף אשר בה והנה להשגחה על דוד סבב השם' שלא הסכימו סרני פלשתים
חם דוד במלחמ' כי ירדו פן יעשה תחבולה להפילם ביד שאול למען יתרצה
אל אדוניו והיה זה סבה אל שהציל דוד כל אשר לקח עמלק ממנו ולקח מהם
רב והנה היה בזה היתרה אל שתגיע המלוכה לדוד ברצות ישראל הצלחתו
כמו שזכרנו במה שקדם:

רבעים ושבעה הוא להודיע שראוי לאדם שישלח לחמו על פני המים להטיב לדלים הרעבים כי בזה

התכונה הטובה בזמן החמלה מה שלא יעלם עם שסבר יקרת שיגיע
מהמקבל גמול טוב על זה הלא תראה כי דוד בחמלתו על האיש המצרי
והו ברכך רעב וכאשר האכילהו והשקהו נתן לו פלח דבלה ושני צמוקים
זה סבה אל שהורהו מקום הגדוד שפשטו על צקלג והיה זה סבה אל שהציל
דוד כל אשר לקחו עמלק:

[illegible] 1546 [illegible]

מזמור לאסף

אלהים באו גוים בנחלתך טמאו את היכל
קדשך שמו את ירושלם לעיים נתנו את
נבלת עבדיך מאכל לעוף השמים בשר
חסידך לחיתו ארץ שפכו דמם כמים
סביאות ירושלם ואין קבר היינו חרפה
לשכנינו לעג וקלס לסביבותינו עד מה
יהוה תאנף לנצח תבער כמו אש קנאתך
שפוך חמתך אל הגוים אשר לא ידעוך ועל
ממלכות אשר בשמך לא קראו כי אכל את
יעקב ואת נוהו השמו אל תזכר לנו ונות
ראשנים מהר יקדמונו רחמיך כי דלונו מאד
עזרנו אלהי ישענו על דבר כבוד שמך והצילנו
וכפר על חטאתינו למען שמך למה יאמרו
הגוים איה אלהיהם יודע בגיים לעינינו נקמת
דם עבדיך השפוך תבא לפניך אנקת אסיר
כגדל זרועך הותריבני תמותה והשב
לשכנינו שבעתים אל חיקם חרפתם אשר
חרפוך יהוה ואנחנו עמך וצאן מרעיתך
נודה לך לעולם לדור ודור נודה תהלתך

גוליאלמו ליפי צרפתי

מרבה נכסים מרבה דאגה אוצה טזק תמץ

Cette escripture est la mesme que la precedente a laquelle n'est adioustez les poinctz sinon les cinq mesmes a l'autre que aux 3 premieres lignes

מזמור לאסף

אלהים באו גוים בנחלתך טמאו את היכל
קדשך שמו את ירושלם לעיים נתנו את
נבלת עבדיך מאכל לעוף השמים בשר
חסידך לחיתו ארץ שפכו דמם כמים
סביבות ירושלם ואין קבר היינו חרפה
לשכנינו לעג וקלס לסביבותינו עד מה
יהוה תאנף לנצח תבער כמו אש קנאתך
שפוך חמתך אל הגוים אשר לא ידעוך ועל
ממלכות אשר בשמך לא קראו כי אכל את
יעקב ואת נוהו השמו אל תזכר לנו עונת
ראשנים מהר יקדמונו רחמיך כי דלונו מאד
עזרנו אלהי ישענו על דבר כבוד שמך והצילנו
וכפר על חטאתינו למען שמך למה יאמרו
הגוים איה אלהיהם יודע בגיים לעינינו נקמת
דם עבדיך השפוך תבא לפניך אנקת אסיר
כגדל זרועך הותר בני תמותה והשב
לשכנינו שבעתים אל חיקם חרפתם אשר
חרפוך יהוה ואנחנו עמך וצאן מרעיתך
נודה לך לעולם לדור ודור נודה תהלתך

גוליאלמו ליבי צרפתי

Ceste Impression est du petit texte et deja taillee par Moy de Paris ... en l'an 1547 ... ce est de la 4e lettre ... taillee

Ceste glose aussi taillee ...

מגדל עוז

בזמן שהאדם מתבונן עד רק וחסר פרק כמה מדליקין ועניני הרבע׳ פרקים אלו וכו׳ עד סוף הפרק פרק אין דורשין:

כל פרק חמישי

ישראל מצווין על קדו׳ השם עד בין שכולכם כתוך

לאחד אין דורשין לו אלא אם כן היה חכם ומבין מדעתו מוסרין לו ראשי פרקים וענין מעשה בראשית מלמדין אותו ליחיד אף על פי שאינו מבין מדעתו ומודיעין אותו כל מה שיכול לידע מדברים אלו ולמה אין מלמדין אותו ברבים לפי שאין כל אדם יש לו דעת רחב׳ להשיג פירוש וביאור כל הדברי׳ על בוריין: בזמן שאדם מתבונן בדברים אלו ומכיר כל הברואים ממלאך וגלגל ואדם כיוצא בו ויראה חכמתו של הקב״ה בכל היצורים וכל הברואים מוסיף אהבה למקום ותצמא נפשו ויכמה בשרו לאהוב המקום ברוך הוא ויראה ויפחד משפלותו ודלותו וקלותו כשיעריך עצמו לאחד מהגופות הקדושים הגדולים וכל שכן לאחד מהצורות הטהורות הנפרדות מן הגולמים שלא נתחברו בגולם כלל וימצא עצמו שהוא ככלי מלא בושה וכלימה רק וחסר: ועניני ארבעה

Ce petit [illegible] est du [illegible] [illegible] [illegible] [illegible]
[illegible] [illegible] a [illegible]

וְאֶל־בָּנָיו אִתּוֹ לֵאמֹר׃ וַאֲנִי הִנְנִי מֵקִים אֶת־בְּרִיתִי אִתְּכֶם
וְאֶת־זַרְעֲכֶם אַחֲרֵיכֶם׃ וְאֵת כָּל־נֶפֶשׁ הַחַיָּה אֲשֶׁר
אִתְּכֶם בָּעוֹף בַּבְּהֵמָה וּבְכָל־חַיַּת הָאָרֶץ אִתְּכֶם מִכֹּל יֹצְאֵי
הַתֵּבָה לְכֹל חַיַּת הָאָרֶץ׃ וַהֲקִמֹתִי אֶת־בְּרִיתִי אִתְּכֶם
וְלֹא־יִכָּרֵת כָּל־בָּשָׂר עוֹד מִמֵּי הַמַּבּוּל וְלֹא־יִהְיֶה עוֹד מַבּוּל
לְשַׁחֵת הָאָרֶץ׃ וַיֹּאמֶר אֱלֹהִים זֹאת אוֹת־הַבְּרִית אֲשֶׁר
אֲנִי נֹתֵן בֵּינִי וּבֵינֵיכֶם וּבֵין כָּל־נֶפֶשׁ חַיָּה אֲשֶׁר אִתְּכֶם
לְדֹרֹת עוֹלָם׃ אֶת־קַשְׁתִּי נָתַתִּי בֶּעָנָן וְהָיְתָה לְאוֹת בְּרִית
בֵּינִי וּבֵין הָאָרֶץ׃ וְהָיָה בְּעַנְנִי עָנָן עַל־הָאָרֶץ וְנִרְאֲתָה
הַקֶּשֶׁת בֶּעָנָן׃ וְזָכַרְתִּי אֶת־בְּרִיתִי אֲשֶׁר בֵּינִי וּבֵינֵיכֶם וּבֵין
כָּל־נֶפֶשׁ חַיָּה בְּכָל־בָּשָׂר וְלֹא־יִהְיֶה עוֹד הַמַּיִם לְמַבּוּל
לְשַׁחֵת כָּל־בָּשָׂר׃ וְהָיְתָה הַקֶּשֶׁת בֶּעָנָן וּרְאִיתִיהָ לִזְכֹּר
בְּרִית עוֹלָם בֵּין אֱלֹהִים וּבֵין כָּל־נֶפֶשׁ חַיָּה בְּכָל־בָּשָׂר אֲשֶׁר
עַל־הָאָרֶץ׃ וַיֹּאמֶר אֱלֹהִים אֶל־נֹחַ זֹאת אוֹת־הַבְּרִית
אֲשֶׁר הֲקִמֹתִי בֵּינִי וּבֵין כָּל־בָּשָׂר אֲשֶׁר עַל־הָאָרֶץ׃
פ וַיִּהְיוּ בְנֵי־נֹחַ הַיֹּצְאִים מִן־הַתֵּבָה
שֵׁם וְחָם וָיָפֶת וְחָם הוּא אֲבִי כְנָעַן׃ שְׁלֹשָׁה אֵלֶּה בְּנֵי־
נֹחַ וּמֵאֵלֶּה נָפְצָה כָל־הָאָרֶץ׃ וַיָּחֶל נֹחַ אִישׁ הָאֲדָמָה
וַיִּטַּע כָּרֶם׃ וַיֵּשְׁתְּ מִן־הַיַּיִן וַיִּשְׁכָּר וַיִּתְגַּל בְּתוֹךְ אָהֳלֹה׃
וַיַּרְא חָם אֲבִי כְנַעַן אֵת עֶרְוַת אָבִיו וַיַּגֵּד לִשְׁנֵי־אֶחָיו בַּחוּץ׃
וַיִּקַּח שֵׁם וָיֶפֶת אֶת־הַשִּׂמְלָה וַיָּשִׂימוּ עַל־שְׁכֶם שְׁנֵיהֶם
וַיֵּלְכוּ אֲחֹרַנִּית וַיְכַסּוּ אֵת עֶרְוַת אֲבִיהֶם וּפְנֵיהֶם אֲחֹרַנִּית
וְעֶרְוַת אֲבִיהֶם לֹא רָאוּ׃ וַיִּיקֶץ נֹחַ מִיֵּינוֹ וַיֵּדַע אֵת אֲשֶׁר־
עָשָׂה־לוֹ בְּנוֹ הַקָּטָן׃ וַיֹּאמֶר אָרוּר כְּנָעַן עֶבֶד עֲבָדִים
יִהְיֶה לְאֶחָיו׃ וַיֹּאמֶר בָּרוּךְ יְהוָה אֱלֹהֵי שֵׁם וִיהִי כְנַעַן
עֶבֶד לָמוֹ׃ יַפְתְּ אֱלֹהִים לְיֶפֶת וְיִשְׁכֹּן בְּאָהֳלֵי־שֵׁם וִיהִי

כנען

ראשון באחד לחדש חרבו המים מעל הארץ ויסר נח
את־מכסה התבה וירא והנה חרבו פני האדמה:
ובחדש השני בשבעה ועשרים יום לחדש יבשה הארץ:
ס וידבר אלהים אל־נח לאמר:
צא מן־התבה אתה ואשתך ובניך ונשי־בניך אתך: כל־
החיה אשר־אתך מכל־בשר בעוף ובבהמה ובכל־הרמש
הרמש על־הארץ הוצא אתך ושרצו בארץ ופרו ורבו היצא
על־הארץ: ויצא־נח ובניו ואשתו ונשי־בניו אתו: ק
כל־החיה כל־הרמש וכל־העוף כל רומש על־הארץ
למשפחתיהם יצאו מן־התבה: ויבן נח מזבח ליהוה
ויקח מכל הבהמה הטהרה ומכל העוף הטהר ויעל
עלת במזבח: וירח יהוה את־ריח הניחח ויאמר יהוה
אל־לבו לא־אסף לקלל עוד את־האדמה בעבור האדם
כי יצר לב האדם רע מנעריו ולא־אסף עוד להכות את־
כל־חי כאשר עשיתי: עד כל־ימי הארץ זרע וקציר
וקר וחם וקיץ וחרף ויום ולילה לא ישבתו: ויברך ש
אלהים את־נח ואת־בניו ויאמר להם פרו ורבו ומלאו
את־הארץ: ומוראכם וחתכם יהיה על כל־חית הארץ
ועל כל־עוף השמים בכל אשר תרמש האדמה ובכל־דגי
הים בידכם נתנו: כל־רמש אשר הוא־חי לכם יהיה
לאכלה כירק עשב נתתי לכם את־כל: אך־בשר בנפשו
דמו לא תאכלו: ואך את־דמכם לנפשתיכם אדרש מיד
כל־חיה אדרשנו ומיד האדם מיד איש אחיו אדרש את־
נפש האדם: שפך דם האדם באדם דמו ישפך כי בצלם
אלהים עשה את־האדם: ואתם פרו ורבו שרצו בארץ
ורבו־בה: ס ויאמר אלהים אל־נח

ואל

בשר שנמלח ושהה כדי מליחה ושמוהו בקדירה לבשל בלאהדחה
מותרשכבר פלט דמו ולא נשאר רק מעט דם מן המלח ואותו הדם
בטל בס׳כי אין לך שום חתיכ׳שנמלחה ושהתה כדי מליחה שלא יהא
בה ס׳ כנגד דם שעל המלח כדמ״ש שהמים שבקדיר כמוכן מצטרפין
לבטל הדם אבל אין
צריך מצירוף המים כי
בחתיכ׳עצמה יש ששים
דליכא למימר מלח ל
לטעמא עבידא וחעמ׳
לא בטיל דהא לא שייך
אלא בדבר האיסור כ
כגון תבלין של ע״ז פ״ק
דחולין אבל מלח גופי
התר הוא: עוד הג״ה
מא״ז אי לא מסתפינא
מחבוריא אמינא מילת
הכי הבשר שנמלח ו
ושהה כשיעור צליית והושם בקדירה בלא הדחה שהוא מותרת ש
שהחתיכה גופהוהרוטב מבטלין אותו דם דנפיק מינ משום דחתיכ׳
שנמלחה פלטה כל הדם לחוץ ורואה התירגמור ולא איסיר אלא דם
שעליו לכך חתיכה גופה וכל מה שבקדרה מצטרף לבטל האיסור כם
וכן נהג מהרם להתיר: עכ״על תרי הגהו׳ אילו מא״ז דאמאי בבתרא
הצריך לצרף כל מה שבקדירה לבטל מה שאין כן בראשונה דחתיכה
גופא מבטלת בלתי שום צירוף ויש לחלק בין חתיכה עבה דדמה
מרובה ומלחה מועט ובין חתיכה קלושה דמלחה מרובה ודמה מוע
עכ״: היינו שיעור מיל כרש״י והרמבם וסמך לדבר במלח בגימט
מיל ושיעור מיל שליש שעה פחות חלק אחד והיינו דוקא לקדירה׳
ואם לאו אף הקדירה אסור ואפי׳ אם הושם רק בכלי תחתון שהיד
סולדת בו וכו״ יהוה עודם שהתחיל שוהכו יהודי גד בשטיהן מתון

בשר שהודח ונמלח ושהה
מרי מליחה ואחר כך
הניחו אותה לבשל בלא הרחה מית׳
אם יש ס׳בהתיכ׳ובמי ובתבשיל כנגד
לחלוח׳דם ומלח שעל החתיכ׳מבחוץ
לפי שאין חמלט הנדב׳ מבטוץ נאסר
אא בשביל דן הנבלע בו אב״לא יאסר
יותר מאלו היה המרח הנדבק מבחוץ
כולו דם דהוי בטל בששים ולא שייך
כאן לדמות לתבלין שלע״ז דעביד
טעמירה ולא בשישי׳שגם המלחף

בויניציאה גוליאלמו ליבי צרפתי

1547 a 48

עשרה מכו לבין גויס פרק אין
מעמידין ופרק בן סורר ומורה
וביומא פרק בתרא ופסחים פרק
כל שעה וענין קדוש השם בתורת
כהנים בפרשת אמור אל הכהנים
ובסנהדרין פרק ד' מיתות ובספרי
ונקדשתי בתוך בני ישרא' על מכת
בן הוצאתי אתכם מארץ מצרים
על מכת שהקדשו שמי ברבים וכן
כתב רמ"ז בס"ה : - כל

פרקים אילו שבחמש מצורת אלו הם
שחכמים הראשוני' קוראין אותו [א] פרדס
כמו שאמרנו ארבעה נכנסו לפרדס
ואף על פי שגדולי ישראל היו וחכמים
גדולים היו לא כולם היה בהן כח לידע
ולהשיג כל הדברים על בוריין ואני
אומר שאין ראוי לטייל בפרדס אלא
מי שנתמלא כריסו לחם ובשר ולחם
ובשר הוא לידע האסור והמות' וכיוצא
בהם משאר המצות ואף על פי שדברים
אלו דבר קטן קראו אותן חכמים שהרי
אמרו חכמי' דבר גדול מעשה מרכבה ודבר קטן הוויו' דאביי' ורבא ואף על פי
כן ראויין הן להקדימן שהן מיישבין דעתו של אדם תחלה ועוד שהן הטובה
הגדולה שהשפיע הקב"ה ליישוב העולם הזה כדי לנחול חיי העולם הבא
ואיפשר שידעם הכל קטן וגדול איש ואשה בעל לב רחב ובעל לב קצר :

פרק חמישי

כל בית ישראל מצווין על קדוש
השם הגדול הזה שנ' ונקדשתי
בתוך בני ישר' ומוזהרין שלא

הג"ה

[ב] בתורת כהנים ממשמע שנ'
לא תחללו את שם קדשי אכ"מ מה
תלמוד לומר ונקדשתי את תורה

הג"ה

[א] וכן פי' בערוך אבל בשם רב
האיי גאון שהיו עושים מעשים
ומתפללים תפלה טהרה ו
ומשתמשי' בכתר ובשמ' ההיכלות
ורואים היאך משמרו' המלאכים
כמעמדם והיאך ההיכל אחר
היכל ולפנים מהיכל וכו' עד ולא
שהן עולים למרום אלא בחדרי
לבם צופים ורואי' כאדם שצופה
בעיניו דבר ברור ושומעים ו
ומדברים כעין הסוכן ברוח
הקד' עכ"ל בשם הגאון והא דאמ'
בן עזאי הציץ ומת פי' הוסיף
להזכיר שמות כדי להביט ב
באספקלריאה המאיר' אבל בערך
פרדס כתב ז"ל ד' נכנסו לפרדס
פי' פרדס מעין גן עדן שהוא
גנוזה לצדיקים כך אותו מקום
הוא מקום בערבות שהנשמות
של צדיקים גנוזות עכ"ל :

קיימי' וחזקי' כקיום שסורא כדכתי'
ותקעתיו יתד במקו' נאמ' שפי' חזק
וקיים לפי שמערוך כפשו לגבי כל
אלו ידע שהוא איכו נחשב לכלום
כמו שאמר אדון הנשאים ונחנו
מה ולפי שהשיג כל זו הענייני' על
בוריין היה עניו מאד מכל האדם :
וענין ד' פרקים שבחמש מצות אלו
וכו' חמש המצות הם לידע שיש
שם אלוה ושלא לעלות במחשבה
שיש אלוה זולתו וליחדו ולאהבו
וליראה ממנו : הם שהחכמים
קורין אותו פרדס כדגרסי' בחגיג'
פ' שני ד' נכנסו לפרדס בן עזאי
ובן זומא ואחר ור' עקיבא בן עזאי
הציץ ומת בן זומא הציץ ונפגע
אחר קצץ בנטיעות רבי עקיבא
נכנס בשלום ויצא בשלום ונקרא
זה הענין פרדס בשביל כ' ענינים
האחד כמו שהפרדס יש בו מיני
מגדים שהם תאוה לעיני' ונחמדי'

כיצד בשעה שיעמוד גוי ויאנוס את ישראל לעבור על אחת מכל מצות האמורות בתורה או יהרגנו יעבור ואל
יהרג שנאמר במצות אשר יעשה אותה האדם וחי בהם וחי בהם ולא שימות בהן ואם מת ולא עבר הרי זה
מתחייב בנפשו במה דברים אמורים בשאר מצות חוץ מעבודה זרה [ג] וגילוי
עריות ושפיכות דמים אבל שלש עבירות אלו אם יאמרו לו עבור על אחת
מהן או תהרג יהרג ואל [ד] יעבור במה דברים
אמורי' בזמן שהגוי מתכוין להנאת עצמו כגון
שאנסו לבנות לו ביתו בשבת או לבשל לו
תבשילו או אנס אשה לבועלה וכיוצא בזה
אבל אם נתכוון להעבירו על המצות בלבד אם יהיה בינו לבין עצמו ואין שם
עשרה מישראל יעבור ואל יהרג ואם אנסו להעבירו בעשרה מישראל יהרג

הגה"ה

[ד] דלא כרבי שמעון דאמר אף באילו יעבור ואל יהרג:

הגה"ה

[ג] סייכנו דווקא באיש אבל אשה קרקע עולם היא אם לא עשתה מעשה כגון להביא ערוה עליה כדמשמע פ' בן סורר ומור דפריך והא אסתר פרהסיא הויא ולא פריך גלוי עריות הויא אלא מ מפרהסיא פריך משום חילול

משמחי לב ומרחיבי הנפש כך שו העגיינים ועד שהפרדס שיכנס לו האחד ומנא אילנות הבו ובתחלה לא ידע מה הוא הפרי שלהם ומה תועל כל פרי וכשיתבונן בהם מעט מעט יתגלה לו סוד כל אחד ואחד מהם וטעמו והנאתו ואע"פ שהוא טוב ונאה אם יאכל ממנו הרבה יחלה ויזיק לו. כך אלו העגיינים בתחלה לא ידע הנאתם ותועלתם

כפי הקלקולים ב[illegible] ענין
שהוא מסותק בו לכל החי והוא
שנפרד בו החי מן הצומח ומן ה
הדומם ונקראת הנפש החיונית
או הנפש יש לה חלקים ונקראים

כשיחזור והרוח תשוב אל האלהים אשר נתנה: כל הדברים האלו שדברנו בענין זה כמר מדלי הם ודברים
עמוקים הם אבל אינם בענין עומק פרק ראשון ושני: וביאור כל אלו הדברים שבפרק שלישי ורביעי הוא הנקרא
מעשה בראשית: וכן צוו חכמים הראשונים שאין דורשין גם בדברים אלו ברבים אלא לאדם אחד בלבד מודיעין
דברים אלו ומלמדים אותן ומה בין ענין מעשה מרכבה לענין מעשה בראשית שענין מעשה מרכבה אפילו
לאחד

כחות והם הנפש הטבעית והנפש החיונית והנפש המשכלת והנפש הטבעית היא שבה אוכל ושותה ומוליד והחיונית היא המכינה האברים לקבל ההרגשה
והתנועה והיא השומרת בריאת האברים וכשתבטל האדם מיד ימות ואם ירגיש ולא יניע והנפשית שבה מרגיש ומהרהר ומתנועע וכל אלו הענינים שקראנו אותם
נפשות או כחות אינם הענין שקראנו אותו הנפש המדברת שהוא נפרד האדם מכל מין החי מפני שאלו הענינים מצויין לבהמה ולחיה ולעוף והנפש המדברת לא
תמצא אלא באדם ולפי שאלת נפש ורוח תאמר על ענינים רבים כמו שהקדמנו הוצרכנו להסגול לנפש המדברת שם שלא ישתתף בו זולתו והוא שנקרא אותה צורת
האדם ואין אנו קוראים לאדם מדבר מפני שיש בו זה הדבור שהוא בשפה ובלשון שזה הענין אפשר שימצא לזולתו כמו שנמצא מקצת העופות ידברו כמו האדם אלא
[illegible]ין הדעה בלבד והדיעה היא צורת הנפש המדברת שהנפש לדיעה כמו גולם לצורה ולפיכך אדם שאין בו דעה הוא כמו הבהמה ואף על פי שהוא מדבר אחרי [illegible]

Lettera da Martin Lou Janin de Paris
molto bella mal fatta

תהלים קיט

הִנֵּה תָּאַבְתִּי לְפִקֻּדֶיךָ בְּצִדְקָתְךָ
חַיֵּנִי׃

וִיבֹאֻנִי חֲסָדֶךָ יְהוָה תְּשׁוּעָתְךָ
כְּאִמְרָתֶךָ׃ וְאֶעֱנֶה חֹרְפִי דָבָר כִּי
בָטַחְתִּי בִּדְבָרֶךָ׃ וְאַל־תַּצֵּל מִפִּי
דְבַר־אֱמֶת עַד־מְאֹד כִּי לְמִשְׁפָּטֶךָ
יִחָלְתִּי׃ וְאֶשְׁמְרָה תוֹרָתְךָ תָמִיד
לְעוֹלָם וָעֶד׃ וְאֶתְהַלְּכָה בָרְחָבָה
כִּי פִקֻּדֶיךָ דָרָשְׁתִּי׃ וַאֲדַבְּרָה
בְעֵדֹתֶיךָ נֶגֶד מְלָכִים וְלֹא אֵבוֹשׁ׃
וְאֶשְׁתַּעֲשַׁע בְּמִצְוֺתֶיךָ אֲשֶׁר אָהָבְתִּי׃
וְאֶשָּׂא כַפַּי אֶל־מִצְוֺתֶיךָ אֲשֶׁר
אָהָבְתִּי וְאָשִׂיחָה בְחֻקֶּיךָ׃

זְכֹר־דָּבָר לְעַבְדֶּךָ עַל אֲשֶׁר
יִחַלְתָּנִי׃ זֹאת נֶחָמָתִי בְעָנְיִי כִּי
אִמְרָתְךָ חִיָּתְנִי׃ זֵדִים הֱלִיצֻנִי עַד־
מְאֹד מִתּוֹרָתְךָ לֹא נָטִיתִי׃ זָכַרְתִּי

משפטיך

כי צו לצו צו לצו קו לקו קו לקו זעיר שם זעיר שם׃ כי בלעגי שפה
ובלשון אחרת ידבר אל העם הזה׃ אשר אמר אליהם זאת המנוחה
הניחו לעיף וזאת המרגעה ולא אבוא שמוע׃ והיה להם דבר
יהוה צו לצו צו לצו קו לקו קו לקו זעיר שם זעיר שם למען ילכו ו
וכשלו אחור ונשברו ונוקשו ונלכדו׃ לכן
כה אמר יהוה אל בית יעקב אשר פדה את אברהם לא עתה יבוש
יעקב ולא עתה פניו יחורו׃ כי בראתו ילדיו מעשה ידי בקרבו
יקדישו שמי והקדישו את קדוש יעקב ואת אלהי ישראל יעריצו׃

הפטרת ואלה שמות כמנהג הספרדים בירמיה בסימן א׳

פרקי אבות פרק ה

אלפים מישראל: כ עז כנמר הנמר הזה נולד מן חזיר היער והלביאה כי בעת יחם האריות הלביא[ה] מכנסת ראשה בסבכי היער וכוהמת ותובעת את הזכר והחזיר שומע קולה ורובעה והנמר יוצא מבין שני[הם] ולפי שהוא ממזר הוא עז פנים אע״פ שאין בו גבורה כל כך אף אתה הוי עז ולא תתבייש לשאול מרבך [מה] שלא הבנת כאותה ששנינו לא הבישן למד: וקל כנשר לחזור את תלמודך ולא תיגע כדכתי׳ יעלו אבר כנשרי[ם] ירוצו ולא ייגעו: ורץ כצבי לרדו[ף] אחר המצות: וגבור כארי לכבו[ש] את יצרך מן העבירות: עז פנים לפי שהעזות נכר׳ בפני׳ כדכתי׳ העז איש רשע בפניו לפיכ׳ קו[רא] עז פנים: שתבנה עירך במהרה בימינו כלומר כשם שהכנתנו זה[ו] המדה שסימן לזרע אברה׳ ביישני׳ רחמנים וגומלי חסדי׳ כן יהי רצו[ן] שתבנה עירך וכו׳: כא בן חמש שני׳ למקרא מערלה ילפינן דכתי׳ ג׳ שנים יהיה לכם ערלים ובשנ׳ הרביעי׳ יהיה כל פריו קדש הלולי׳ שאביו מלמדו צורת האותיו׳ והנ[קודות] הנקודות ובשנה החמישית תאכלו את פריו להוסיף לכם תבואת[ו] מכאן ואילך ספי ליה בתורה: בן י׳ למשנה שלומד מקרא ה׳ שנים וז[ה]

כ יהודה בן תימא אומר הוי עז כנמר וקל כנשר ורץ כצבי
וגבור כארי לעשות רצון אביך שבשמים. הוא היה אומר עז
פנים לגיהנם ובושת פנים לגן ערן יהי רצון מלפניך השם אלהינו
שתבנה עירך במהרה בימינו ותן חלקינו בתורתך. כא
הוא היה אומר בן חמש שנים למקרא בן עשר למשנה בן שלש
עשרה למצות בן חמש עשרה לתלמוד בן שמנה עשרה
לחופה בן עשרים לרדוף בן שלשים לכח בן ארבעים לבינה בן
חמשים לעצה בן ששים לזקנה בן שבעים לשיבה בן שמנים
לגבורה בן תשעים לשוח בן מאה כאלו מת ועבר ובטל מן
העולם. כב בן בג בג אומר הפוך בה והפך בה דכולה
בה ובה תחזי וסיב ובלה בה ומינה לא תזוע שאין לך מדה טובה
הימנה. כג בן הא הא אומר לפום צערא אגרא.

נשלמה מסכת פרקי אבות: ובע״ה נתחיל מסכת עדיות

פרק א

שני׳ משנה וה׳ שני׳ תלמוד דאמר מר כל תלמיד שלא ראה סימן יפה במשנתו חמש שני׳ שוב אינו רואה דכתי׳ זאת אשר ללוים מבן חמש ועשרים שנה ומעלה יבא לצבוא צבא שנא׳ ולומד הלכות עבודה חמשה שנים וק[ורא] שלשים עובד: בן שלש עשרה למצות דכתיב איש או אשה כי יעשו מכל חטאת האדם ובני שכם כתיב ויקח[ו] שני בני יעקב שמעון ולוי אחי דינה איש חרבו ולוי באותו פרק בן שלשה עשר שנה היה וקרי ליה איש: בן שמנה עשרה לחופה תשע עשרה אדם כתובי׳ בפרשת בראשית מן ויאמר אלהים נעשה אדם עד ויבן ה׳ אלהים את הצלע חד לגופיה פשו להו שמנה עשר לדרשא: בן עשרים לרדוף אחר מזונותיו לאחר שלמד מקרא משנה ותלמוד ונשא אשה והוליד בנים צריך הוא לחזור ולבקש אחר מזונות. פירוש אחר בן עשרים לרדוף אותו מן השמים ולהענישו על מעשיו שאין בית דין שלמעלה מענישים פחות מבן עשרים: בן שלשים לכח שהלוים היו מקימין את המשכן ומפרקין וטוענין את העגלו׳ ונושאין בכתף מבן שלשים שנה ומעלה: בן ארבעים לבינה שלאחר ארבעים שנה שהיו ישראל במדבר אמר להם משה ולא נתן ה׳ לכם לב לדעת ועינים לראות ואזנים לשמוע עד היום הזה: בן חמשים לעצה שנאמר בלוים ומבן חמשים שנה ישוב מצבא העבודה ולא יעבוד עוד ושרת את אחיו וכו׳ ומהו השירות שיתן להם עצה: בן ששים לזקנה דכתי׳ תבא בכלח אלי קבר כל״ח בגימטריא ששים: בן שבעים לשיבה דכתיב בדוד וימת בשיבה טובה וימי חיי[ו] היו שבעים שנה: בן שמנים לגבורות דכתיב ואם בגבורות שמונים שנה: בן תשעים לשוח הולך שחוח וכפוף ויש אומרים לשון שוחה עמוקה: כב הפוך והפך בה בתורה: דכולה בה שהכל תמצא בה: וסיב ובלה בה גם עד זקנה ושיבה לא תעזבנה: ומינה לא תזוע שלא תאמר למדתי חכמת ישראל אלך ואלמוד חכמת האומות שאין מותר ללמוד חכמת האומות אלא במקום שאסור להרהר בדברי תורה כגון בבית המרחץ או בבית הכסא. כששאלו את רבי יהושע מהו ללמד אדם את בנו יונית אמר להם ילמדנו בשעה שאינו לא יום ולא לילה דהא כתיב והגית בו יומם ולילה: כג לפום צערא אגרא כפי רוב הצער שאתה סובל בלמוד התורה ועשיית המצות כן יהיה שכרך מרובה:

שמאי

שדברו הכתובים דרך משל ואם כתאמת אנחנו בלא שום ספק
שנעשו אותות ומופתים שנשתנה בהם הטבע וכן כתאמת אנחנו
שהשם יתברך יכול לשנות את הטבעים כרצונו לשים מעמקי ים
דרך לעבור ולכסות פני האדמה מים כיתחייב מזה שנאמין שעל
כל פנים ישתנו הטבעים תמיד בלא טענה וכי יסופר אלינו כי
נראה במקום חמור מדבר ומגיד עתידות נאמין ונחייב זה
להאמין כי דברה האתון אשר לבלעם לצורך שעה ולפלא הענין
ויותר מזה שנאמין אף שיבואו לעתיד פנים לעצי היער או
שישים פה לעצים ויהיו בעלי שכל ודבור עד שירננו מפני שאמר
הכתוב וכל עצי השדה ימחאו כף או ירננו עצי היער זה רחוק מן ישעיה נ״ה
הדעת שנאמר כזה שאין דבר מכריחנו על זה עד שנאמר כן
כי באמת הרבה כתובים דברו דרך משל אבל כשיהיה הדבר
מקובל בידנו למה נבטל הקבלה ואף על פי שתחייב החקירה
הפילוסופית בטולה שכן תחייב בטול קריעת ים סוף ועמידת
הר סיני ושאר האותות והמופתים שנעשו לאבות במצרים ובמדבר
ובכלל כל התורה שידבר השם עם האדם ויצוה על מניעת אכילת
החזיר והנבלה והחרישה בשור ובחמור ויצוה על השחיטה מן
הצואר ובכלל כל המצות כי זה כלו מן הנמנע אצלם · ועם כל
זה אין אנו משגיחין בדבריהם כלל לדעתנו שהחקירה למטה
מן הנבואה באמת ועל כן אין שדן כלל דברים אלו שכלו ומגד
חקירתו ומבטל כל שתבטל החקירה האנושית לבד מגד שהוא
איש

בתוך בני ישראל כל דבר שבקדושה לא יהא פחות מעשרה ·
ושלאי רב הונא לא נחלק על משנתנו דפרק הקורא את המגלה
דקתני אין פורסין על שמע ואין עוברין לפני התיבה ואין קורין
בתורה ואין מפטירין בנביא ואין מזמנים על המזון בשם בפחות
מעשרה · ופרשו טעמא בגמרא משום ונקדשתי בתוך בני ישראל ·
אלא דרב הונא סבר דדוקא באומר להוציא אחרים דומיא דאין
קורין בתורה ואין מפטירין בנביא שאין אסור לקרות בתורה
ובנביאים ביחיד אלא כל שהוא אומר על אחרים להוציאן בבית
הכנסת כדרך שתקן משה ועזרא ומברך לפניה ולאחריה אימ

קבלתם ואין קבלה פושטת ביד עמנו רק שק
לזר על משה רבינו ע״ה עליו השלום או על הנביאים
יהיה הענין ההוא כרמז בכתוב ולא שיהיה הרמז ההוא מוכרח
רק תכריחנו הקבלה ויתאמת ענין הכתוב עם הקבלה וכענין
שאמרתי בתחיית המתים הרואה אתה והי״ה אחד מחכמי ישראל
דורש מעצמו ענין תחיית המתים מן התורה ממה שבא בכתוב
הנך שוכב עם אבותיך וקם : אלא שעם הקבלה האמתית נודע
אצלנו שנרמז הענין במקום ההוא · ואני איני מאשים אחד מן
הפילוסופים בבטלם הענינים האלו כלם לפי שלא יכריחם דבר
כמו״ש ולא קבלת חכם מחכמיהם כמו שלא אאשים אחד מבני
עמנו כשאינו מפרש קצת מן הכתובי' כפשוטיהם להתחייב אצלו

אל משה וידבר יהוה אליו מאהל מועד לאמר דבר
אל בני ישראל ואמרת אליהם אדם כי יקריב מכם
קרבן ליהוה מן הבהמה מן הבקר ומן הצאן תקריב
את קרבנכם אם עלה קרבנו מן הבקר זכר תמים
יקריבנו אל פתח אהל מועד יקריב אתו לרצונו
לפני יהוה וסמך ידו על ראש העולה ונרצה לו לכפ
עליו ושחט את בן הבקר לפני יהוה והקריבו בני
אהרן הכהנים את הדם וזרקו את הדם על המזבח
סביב אשר פתח אהל מועד והפשיט את העולה
ונתח אתה לנתחיהה ונתנו בני אהרן הכהן אש
על המזבח וערכו עצים על האש וערכו בני אהרן
הכהנים את הנתחים את הראש ואת הפדר על הע
העצים אשר על האש אשר על המזבח וקרבו וכרעו
ירחץ במים והקטיר הכהן את הכל המזבחה פולה
אשה ריח ניחח ליהוה ר ואם מן הצאן קרבנו מן
הכבשים או מן העזים לעולה זכר תמים אאאאא
אאא אגגג גגגדדדדדההההווזזן חחחחטטטטט
טטככ כדדדדהההדללללללממממממממממ
מממ ממממממסס סססססססס ףףףףףףף צ צצץ
צצצצצקקקקקקקקקק ררר ששששש תתתתתרת

דדוזחטכמ מנעפקן

וישב בושם בירושלים שנתים ימים ופני המלך כסרה הריא
עבשאהיל חעב בימיא ראסר שש שנים והרכי עצשר וישטל
ובכל הוסף יובל מקארה תשערה חדשים הרי וליצוא
שנהצא ובשנה והטוסרנה והתלקין חלטר והמאך ומשכמסרגל
רתיליה הקרירי אצרת הבית ותב ובשנת הזאר עאהוח
לים מת רה גדרש שסרת הרצפו גטש ירפקף ופקודי ומתגד
צדמחוחאץ כתשמף והדשידי לעהרחפ אגמכן

מנקיתיו ואת הקשות אשר יסך בהן זהב טהור׃
ויעש את המנרה זהב טהור מקשה עשה את המנרה ירכה
וקנה גביעיה כפתריה ופרחיה ממנה היו׃ וששה קנים יצאים
מצדיה שלשה קני מנרה מצדה האחד ושלשה קני מנרה מצדה
השני׃ שלשה גבעים משקדים בקנה האחד כפתר ופרח ושלשה
גבעים משקדים בקנה אחד כפתר ופרח כן לששת הקנים היצאים
מן המנרה׃ ובמנרה ארבעה גבעים משקדים כפתריה ופרחיה׃
וכפתר תחת שני הקנים ממנה וכפתר תחת שני הקנים ממנה
וכפתר תחת שני הקנים ממנה לששת הקנים היצאים ממנה׃
כפתריהם וקנתם ממנה היו כלה מקשה אחת זהב טהור׃ ויעש את
נרתיה שבעה ומלקחיה ומחתתיה זהב טהור׃ ככר זהב טהור עשה
אתה ואת כל כליה׃ ויעש את מזבח הקטרת
עצי שטים אמה ארכו ואמה רחבו רבוע ואמתים קמתו ממנו היו
קרנתיו׃ ויצף אתו זהב טהור את גגו ואת קירתיו סביב ואת
קרנתיו ויעש לו זר זהב סביב׃ ושתי טבעת זהב עשה לו מתחת
לזרו על שתי צלעתיו על שני צדיו לבתים לבדים לשאת אתו בהם
׃ ויעש את הבדים עצי שטים ויצף אתם זהב׃ ויעש את שמן ה
המשחה קדש ואת קטרת הסמים טהור מעשה רקח׃

המלך המרומם לבדו מאז המשובח והמפואר
והמתנשא מימות עולם אלהי עולם ברחמיך הרבים
רחם עלינו אדון עוזנו צור משגבנו מגן ישענו
משגב בעדנו׃

אל ברוך גדול דעה הכין ופעל זהרי חמה טוב
יצר כבוד לשמו מאורות נתן סביבות עוזו
פנות צבאות קדושים רוממי שדי תמיד מספרים
כבוד אל וקדושתו׃ תתברך יי אלהינו בשמים
ממעל ועל הארץ מתחת על כל שבח מעשי ידיך
ועל מאורי אור שיצרת המה יפארוך סלה׃
תתברך לנצח צורנו מלכנו וגואלנו בורא קדושים

ישת

ותקם ללקט ויצו בעז את נעריו לאמר גם בין העמרים תלקט ולא
תכלימוה ׃ וגם של תשלו לה מן הצבתים ועזבתם ולקטה ולא
תגערו בה ׃ ותלקט בשדה עד הערב ותחבט את אשר לקטה ויהי
כאיפה שערים ׃ ותשא ותבוא העיר ותרא חמותה את אשר לקטה
ותוצא ותתן לה את אשר הותרה משבעה ׃ ותאמר לה חמותה
איפה לקטת היום ואנה עשית יהי מכירך ברוך ותגד לחמותה א
את אשר עשתה עמו ותאמר שם האיש אשר עשיתי עמו היום ב
בעז ׃ ותאמר נעמי לכלתה ברוך הוא ליהוה אשר לא עזב חסדו
את החיים ואת המתים ותאמר לה נעמי קרוב לנו האיש מגאלנו
הוא ׃ ותאמר רות המואביה גם כי אמר אלי עם הנערים אשר לי
תדבקין עד אם כלו את כל הקציר אשר לי ׃ ותאמר נעמי אל רות
כלתה טוב בתי כי תצאי עם נערותיו ולא יפגעו בך בשדה אחר ׃
ותדבק בנערות בעז ללקט עד כלות קציר השערים וקציר ה
החטים ותשב את חמותה ׃ ותאמר לה נעמי חמותה בתי הלא א
אבקש לך מנוח אשר ייטב לך ׃ ועתה הלא בעז מדעתנו אשר
היית את נערותיו הנה הוא זרה את גרן השערים הלילה ׃ ורחצת
וסכת ושמת שמלתך עליך וירדתי הגרן אל תודעי לאיש עד כ
כלתו לאכל ולשתות ׃ ויהי בשכבו וידעת את המקום אשר ישכב
שם ובאת וגלית מרגלתיו ושכבתי והוא יגיד לך את אשר תעשין ׃
ותאמר אליה כל אשר תאמרי אלי אעשה ׃ ותרד הגרן ותעש
ככל אשר צותה חמותה ׃ ויאכל בעז וישת וייטב לבו ויבא ל
לשכב בקצה הערמה ותבא בלט ותגל מרגלתיו ותשכב ׃
ויהי בחצי הלילה ויחרד האיש וילפת חצי
והנה אשה שכבת מרגלתיו ׃ ויאמר מי את ותאמר אנכי רות א
אמתך ופרשת כנפך על אמתך כי גאל אתה ׃ ויאמר ברוכה את
ליהוה בתי היטבת חסדך האחרון מן הראשון לבלתי לכת אחרי

קולו אל תאמן בו כי שבע תועבות בלבו׳ ועוד דרשו היה צד
ומאכיל לאביו ונותן לו שוחד כדי שיטול הברכה׳ וזהו שכתוב
כי השוחד יעור וגומר וכתיב ביצחק ותכהנה עיניו מראות ע״כ׳
ואנו רואים כי כשם שהיה עשו איש השחד כן אנו רואין את
זרעו מקבלי שוחד אותו הל עטו כמו שאמ׳ עשו הלעיטני נא׳
ועליהם אמר דוד ע״ה מתרפס ברצי כסף׳ והם מושכים כח מן
השר שלהם שהוא מקבל שוחד ביום הכפורים׳ וכן כל אומה
ואומה מושכת כח מן השר שלה׳ וכבר ידעת כי ממנו קבל
הנחש כח להחטיא ולשפוך דם׳ והיה הוא אב ושרש לכל כוחרי

אחיו והם יכבדוהו כאביהם וגם בנכסים היה לו יתרון ומעלה
עליהם׳ וזה דבר עשו למה זה לי בכורה ואומנותי שהיא הציד
קרוב שאמות בו בחיי אבי בלכתי לצוד חיות בשדו וכמדברות
וא״כ מה התועלת המגיע לי מן הבכורה וזהו שאמר ויאכל וישת
ויקם וילך להורות כי אחר שאכל ושתה חזר לאומנותו והלך
השדה אל צידו׳ וזה דרכו ומשפטו כל הימים לאכול ולשתות
ולצוד ולהמשך אחר התאוות וזהו סבת בזוי הבכורה׳ ויעקב
נתן לעשו לחם ונזיד עדשים׳ כאן גלה הכתוב מה שהזכיר
למעלה ויזד יעקב נזיד שהיה תבשיל של עדשים׳ ויותר נכון

...ויקשא עד דרבי יוחנן. דא שנו ארא
בין ׃ אמ׳ רבי לא לפי שבכל מקום ומקום לא חשיב אלא דמאי
אלא ודאי׳ מתניתא מסייעא לרבי יוחנן מגזיב ולהלן פטור מן
א מגזיב להלן בין דמאי בין ודאי אוף הכא לא שנייא בין דמאי
תא פליגא על רבי שמעון בן לקיש אם היו נשמרין חייבין עיקרן
באין׳ פתר לה את רוב משמרין׳ אתא חמי אם רוב משמרין
בין דמאי בין ודאי אם אין רוב משמרין דברי הכל פטורין בין
מחצה על מחצה לית יכיל דתנינן מחצה על מחצה דמאי׳ א״ר
הקלו שבדמאי אלא אפילו דמאי עצמו׳ תני נכנס לעיר
משמרין ספק אין רוב משמרין דברי הכל חייבין דמאי
ישראל ספק רוב משמרי׳ ספק אין רוב משמרי׳ דברי

שהית גררתה מביאה ונוטר דמים מן השבט׳ אל ואינו מצוה להשיב אבידה׳ אר
יוסי מצוה הו׳ להשיב אבידה בדבר מועט ואינו מצוה להשיב אביד׳ בדבר מרובה
ובודאי אבל בדמאי אינו מצו׳ להשיב אבידה דתנינ׳ ומאבדי׳ את מיעוטו בדרכים׳
עד כדון בשאין בידו מעות היו בידו מעות׳ ר׳ ניחומי בריה דר׳ חייא בר בא אמר
היו מעות בדיסקיא ולא היה מחללו׳ אתיא דר׳ חייא בר׳ ווא כרבי זעירא ודר׳
אחא בר׳ אמי׳ דבי ר׳ ינאי אמרי פחות מאכל מותר לאבד בפרוס אבל בשלם
עד כגרוגרות׳ ר׳ יוחנן בשם ר׳ שמעון בן יוצדק כשלם עד כגרוגר׳ בפרוס אפי׳
כמה מותר מה פליגין׳ ר׳ מנא אמ׳ לא פליגין׳ דבי רבי ינאי אמרי פחות מאוכל
מות׳ לאבד בפרוס׳ אבל כשלם עד כגרוגר׳ ר׳ יוחנן אמ׳ בשם ר׳ שמעו׳ בן יוצדק
בן בפרוס בין בשלם עד כגרוגרת׳ ר׳ הושעיה בעי מהו לאבד כל שהוא ולאבד
ונותנו לעם הארץ לוכל בנגדו בדמאי׳ הא בודאי לא שאין מוסרין ודאי לעם

מסכת דמאי

שבדמאי השיתין והרימין והעוזררין ובנות שוח ובנות שקמה והנובלות התמ
והגופנן והנצפה וביהודה האוג והחומץ והכוסבר · רבי יהודה אומר
השיתים פטורות חוץ משל דיפרא וכל הרימין פטורין חוץ מרימי שיקמה
בנות שיקמה פטורות חוץ מן המסוטפות · ב׳ הדמאי אין לו חומש ו
לו ביעור ונאכל לאונן ונכנס לירושלם ויוצא ומאבדין את מיעוטו בדרכי ונות
לעם הארץ ואוכלו כנגדו ומחלל אותו כסף על כסף ונחושת על נחושת כ
על נחושת ונחושת על הפירו׳ ובלבד שיחזור ויפדה את הפירו׳ דברי ר״מ · וחכ
אומ׳ יעלו הפירות ויאכלו בירושלם · ג׳ הלוקח לזרע ולבהמ׳ קמח לעורו
ושמן לנר שמן לסוך בו את הכלים פטור מן הדמאי מן גזיב ולהלן פטור מן הדמ
חלת עם הארץ והמדומע והלקוח בכסף מעשר שירי מנחות פטורין מן הדמאי
ושמן ערב בית שמאי מחייבין · ובית הלל פוטרין · ד׳ הדמאי מערב
בו ומשתתפין בו מברכין עליו ומזמנין עליו ומפרישין אותו ערום בין השמשות
ואם הקדים מעשר שני לראשון אין בכך כלום · שמן שהגירדי סך באצבעות
חייב בדמאי · ושהסורק נותן בצמר פטור מן הדמאי ·

סליק פירקא

אמר רבי יוחנן לפי שרוב המינין הללו אין באין אלא מן
ההבקר לפיכך מנו אותן חכמים · ר׳ שמעון בן לקיש
אמר לא שנו אלא דמאי אבל ודאי חייבין · רבי יוחנן
מבזיה · רבי בא בר זבדא [illegible]

עטפין אחד לחול ואחד לשבת׳ מה טעמא ורחצת וסכת ושמת ש
בי ערומה היתה אלא אלו בגדי שבתה כד דרשה רבי שמלאי בציבורא
שמיא לקובליה אמרו ליה רבי בעטפתינו בחול כן עטפתינו בשבת׳
על פי כן צריכין אתם לשנות מן הדא ורחצת וסכת ושמת שמלותיך
רת הגורן׳ וירדתי כתי׳ אמר לה זכותי תרד עמך׳ וערטילא הוות אלא א
לבוש מאנך דשובהא׳ הלכה ט׳ הדא אמרה חמשין ע
ן מן מאתים דלא עבדין׳ המסמא את עינו והמנפח את שוקו והמצבא את
סו אינו נפטר מן העולם עד שיהי לו כן׳ שמואל ערק מן אבוי אזל וקם
בין תרין צריפין דמיסכינין שמע קלהון אמרין כהדין אגנטין אנן אכלין׳
א דין בארגנטורין דדהבא בארגנטורין כספא׳ אעל ואמר קומי אבוי׳ אמר
צריכין אנו להחזיק טובה לרמאין שבהם׳ דלמא רבי יוחנן ורבי שמעון בן
ש עלון מיסחי בהדין דימוסין דטבריא פגע בון חד מסכן אמר לון זכון בי
רו ליה מי חזרון מי חזרון׳ אשכחוניה מית׳ אמרו הואיל ולא זכינן ביה
יי ניטפל ביה במיתותיה׳ בי מיטפלין ביה אשכחון כיס דינריא תלו ביה׳
רו הדא דאמר רבי אבהו אמר רבי לעזר צריכין אנו להחזיק טובה לרמאין
בהן שאילולא הרמאין שבהן היה אחד מהן תובע צדקה מן האדם ולא נותן לו
היה נענש׳ אבא בר בא יהב לשמואל בריה פריטין דפלג למסכינייא נפק
שכח חד מסכן אכל קופד ושתי חמר׳ עאל ואמר קומי אבוי׳ אמר ליה הב
ר דנפשיה מרתיה׳ רבי יעקב בר אידי ורבי יצחק בר נחמן הוון פרנסין יהון
בין לרבי חמא אבוי דרבי אושעיא חד דינר והוא יהב ליה לחורנין׳ רבי זכריה
ניה דרבי לוי הוו הכל מליזין עליו אמרו דלא צריך והוא נסב׳ בד דמך בדקון
שכחון דהוה מפליג ליה לחורנין׳ ר׳ חיננא בר פפא הוה מפליג מיניה בליליא
זמן פגע ביה רבהון דרוחיא׳ אמר ליה לא כך אולפן רבי אל תסג גבול רעך
ר ליה ולא כן כתיב מתן בסתר יכפה אף והוה מכתפי מיניה וערק מן קומוי׳
ר רבי יונה אשרי נותן לדל אין כתיב כאן אלא אשרי משכיל אל דל׳ והוא
מסתכל במצוה היאך לעשותה׳ כיצד היה רבי יונה עושה כשהיה רואה בן
בים שירד מנכסיו היה אומ׳ לו בני בשביל ששמעתי שנפלה לך ירושה במקום
חר טול ואת פורע׳ מן דהוה נסב ליה אמר ליה מהנה׳ אמר רבי חייא בר אדא
ית הוו סבין כיומינו מן דהוה יהבין לון מבין ריש שתא לצומא רבא הוון נסבין׳
ן בתר כן לא הוון נסבין אמרי רשות גבן׳ נחמיה איש שיחין פגע ביה ירושלמי
חד אמר ליה זכי עימי חדא תרנגלתא׳ אמר ליה הלך טימיתיה וזיל זבון קופד
אכל ומית׳ ואמר בואו וספדו להרוגו של נחמיה׳ נחום איש גם זו היה מוליך

מאימתי

את הפה אין מערבין כהן· דג מליח מערבין בו· כשר מליח מערבין בו·
חי דתנינן הבבליים אוכלים אותו כשהוא חי מפני שדעתן מקולקלת· רבי
בעי הדא בלקרא הוא ואילין כותאי אכלי מיטה חייה היא מערבין בה·
בר שילת בשם רב פעפועין וגדגדניו׳ וחלוגלוגות מערבין בהן· בעון קומי
מינון אמר לון קקולי והנדקוקי ופרפחיניה· הלכה ו׳ ר׳ יונה
מתני׳ ביותר מבשיעור הזה מציל נוטל מחצ׳ ונותן מחצה אבל בכשיעור הוא
לפניהן והן מחלקין ביניהן· רבי חזקיה פתר מתניתא בכשיעור ביקש ל
נוטל מחצה ונותן מחצה שמתוך שנוטל מחצה ונותן מחצה נעשה דבר
הוא נותן לפניהן והן מחלקין ביניהן: תני המסבבין על הפתחים אין נזקקין
לכל דבר· אמר רבי יונה ובלחוד דלא יפחות ליה מן ארגרון דיליה· הכא
אמר אין פוחתין לעניים בגורן· וכא את אמר אין פוחתין לעני העובר מ
למקום· רב הונא אמר צא מהן שליש ליציאה· ר׳ יוסי בי רבי בון מפיק ל
נחתומיא כהדא דרב הונא ובלחוד כהדין שיעורא· רבי בא בר כא בר ממל
קומי רבי לא ראו אותו יוצא מן העיר תכנס ליה אמר ליה הנותן נותן וה
יחוש לעצמו· הלכה ז׳ תמחוי בכל יום קופה מערב שבת ל
שבת· התמחוי לכל אדם· קופה אינה אלא לאנשי אותה העיר בלבד· ר
אמר תמחוי בשלשה שהוא על אתר· רבי חלבו בשם רבי בא בר זבד
מעמידין פרנסין פחות משלשה· אנא חמי דיני ממונות בשלשה· דיני נ
לא כל שכן· והדין עשרים ושלשה· עד דהוא מצמית לון הוא מסכן· ר
בשם רבי יוחנן אין מעמידין שני אחים פרנסין· רבי יוסי עבד חד מן תרין
עאל ואמר קומיהון לא נמצא לאיש פלוני דבר עבירה אלא שאין מעמידין
אחים פרנסין· ר׳ יוסי עאל לכפרה בעא מקמה לון פרנסין ולא קבלין ע
עאל ואמר קומיהון בן בבי על הפקיע· ומה אם זה שנתמנה על הפתיל
להימנות עם גדולי הדור· אתם שאתם מתמנין על חיי נפשות לא כל ש
רבי חגיי כד הוה מקים פרנסין הוה מטעין לון אוריתא לומר שכל שררה ש
מתורה ניתנה· כי מלכים ימלוכו· כי שרים ישורו· רבי חייא בר בא
ארבונין· רבי ליעזר הוה פרנס· חד זמן נחית לביתיה אמר לון מאי ע
אמר ליה אתא חד סיעא ואכלון ושתון וצלון עלך· אמר לון ליכא אגר
נחת זמן תיניין אמ׳ לון מאי עבדיתון אמרו ליה אתא חד סיעא חורי ואכלון
ואקלונך· אמר לון כדון איכא אגר טב· רבי עקיבה בעון ממניתיה פרנס
אמ׳ לון נמלך גו בייתיה הלכון בתריה שמעון קליה דימר על מנת מתקל
מבזייה· רבי בא בר זבדא אמר איתפלגון רב ורבי יוחנן חד אמר מ

אן קיימין · אם כשלא הטילו שאור אנן קיימין אפילו במעורבות יהו פטורות ·
ה יכיל דתני ר' ישמעאל בי ר' יוסי אמ' משו' אביו אשכול שביכר בו גרגר יחידי
לו חיבור למעשרות · רבי יוסי בי רבי בון אמר רבי זעירא ורבי הילא חד אמ'
דין וחד אמ' כהדין · וחכמי' אומ' לא כדברי זה ולא כדברי זה אלא את שהטילו
אור חייבות ואת שלא הטילו שאור פטורות · והגופנן שמירה בה בין ביהודה
בגליל מן מה דמתלין לה מתל בגלילא שומרה שמר מרה מן מתל לך עם
ריא הדא אמרה בגליל פטור וביהודה חייב · בוסברה כוסברתא · מה בין
ודה בין בגליל מן מה דמתלין לה מתל בדרומה כוסברה כוסברתה מן מתליך
תבלייא · הדא אמרה בגליל חייבת וביהודה פטורה · תני אמר רבי יודה
אשונה היה חומץ שביהודה פטור מן המעשרו' שהיו עושין יינן בטהרה לנכסים
אוה מחמיץ והיו מביאין מן התמד ועכשו שהיין מחמיץ חייב מחלפה שיטתיה
יודה דתנינן תמן המתמד ונתן מים במידה ומצא בדי מידתו פטור · ור' יהודה
יב · וכא הוא אמ' הכן · א"ר לא בראשונה היו ענבים מרובות ולא היו חרצנים
תכות ועכשיו שאין ענבים מרובות חרצנים חשובות ר"הונא אמר ר' ירמיה בעי
הדא פליגא על רבי שמעון בן לקיש · וירבו כל הרימין על רימי שיקמא ויהיו
רין · א"ר יוסי תיפתר במקום שרוב משמרין · ר' יוסי בר' בעי ואין כל העולם
ולפניו וירבו כל הרימין שבעולם על רימי אותו המקום ויהו פטורין ·
ה כב לא יוחנן כהן גדול העביר הודיית המעשר העבירן שלא יתודו הא
ר צרי' לבער ובודאי · אבל בדמאי אינו צרי' לבער · תני נאכל באנינה ואינו
ל בטומאה · מה בין אנינה ומה בין טומאה · אמ' רב נחמן טומאה מצויה אנינה
מצויה גזרו על דבר שהו' מצוי ולא גזרו על דבר שאינו מצוי · א"ר יוסי אפי'
טבל לא עשו אותו · אילו בספק טבל ניתקן כחמת שני ספק לא ניתקן שמא
אסור לאונן · ברם הכא מותר לאונן · תמן תנינן התרומה ותרומ' מעשר
ומת מעשר של דמאי והבא את אמ' הכן · א"ר זעירא תמן תנינן תרומת מעשר
דמאי · ברם הכא מעשר שני של דמאי · א"ר אימי אין המשנה הזה יוצא ידי
מת מעשר של דמאי מהו כדון תמן ר"מ · ברם הכא רבנין · ר' זעירא אמ' בשם
בדין היה תרומ' מעש' של דמאי שלא יפריש עליה חומש ולמ' אמרו שיפריש
גדירה שאם את אומר לו שלא יפריש אף הוא אינו נוהג בה בקדושה ·
היה מעשר שני של דמאי שיפריש עליו חומש ולמה אמר שלא יפריש מפני
ו שאם אומר את לו שיפריש אף הוא אינו מפריש כל עיקר · ר' בון בר חייא
קומי ר' לא למה לי דמאי אפי' ודאי · למה לי מיעוט אפי' רוב · ולא כן תני
ביאין תרומה מן הגורן לעיר ולא מן המדבר ליישוב אלא א"כ היתה במקום

מן העולם הזה כי הרשעי' יענשו בצרו' וייסורין או במיתה וכן יענשו במשפט על מע
בעולם הבא לקץ וזמן אבל אויבי השם המשילו לחלבי הכשבים ושמם שהוא כתק
נכלה בעשן ולא המשילם לבשר הכבשים כי יעשה גחלת וישאר האפר על כן אמ
בעשן כלו' כאשר חלבי הכרים כלים בעשן כן יכלו אויבי השם כי תכלה נפשם ו
מן העולם הבא׳ וכ׳ פוקד עון אבות על בנים על שלשים ועל רבעים׳ וענין שונא
נמצא לפעמים גם באנשים שהם עושי׳ המצות ונזהרים מכל עבירה במעשה וכל
נפשם רעה ובקרב לבם יקשה להם כאשר חבריהם עוסקים בתור׳ וירע בעיניהם
בני אדם עובדי׳ את השם ויראים מלפניו כאשר תאמר על האיש אשר לא יחפוץ
בני אדם את המלך ויעבדוהו כי הוא שונא את המלך כ״ש אם הוציאו מחשבתם הר
הפעל שהם מניאים את לב בני אדם מעסק התורה ומן המצות כי הם שונאי השם
האנשים אשר עינם צרה בכבוד תלמידי חכמים הישרים והצדיקים ושונאים
תפארתם או ירע לבבם אם עדיהם תחתה ובבאה ממעלת הדור׳ וכן כתוב כי לא
מאסו כי אם אותי מאסו ממלוך עליהם׳ וכל שכן אם יבקשו כבודם לכלמה אוי
וכן אם יאהבון בכבוד הרשעים ונשלם על עפר כי אלה באמת שונאי השם ואין
בקיום עבודתו ולא יחפוץ בהדרת קדש יראתו ואשר ירבון אחד עבדיו ויראיו
המחבלים כרם השם כמו המוסורות ומחטיאי הרבים הנה הם שונאי השם כאשר
בי האנשים המשחיתים ערי המלך או כרמיו ופרדסיו כי הם שונאי המלך וכ׳ כי
צבאות בית ישראל ובית יהודה נטע שעשועיו וכ׳ על עמק יערימו סוד וכ׳ כי
יחדיו עליך ברית יכרותו׳ וכ׳ ורגזים נוסדו יחד על ה׳ ועל משיחו על כן אז״ל כי
ושחטאו והחטיאו את הרבים יורדין לגיהנם ונדונין שם לדורי דורות׳ וכת הכותני
בארץ חיים דבר עליהם יחזקאל עליו השלום אשר כתו
בארץ חיים ותהי׳ עונותם על עצמותם למדנו מזה כי לא יכפר עליהם המות
עולם עונותם על עצמותם ואמרו ז״ל המינים והמשומדים והאפיקורסים וה
ושכפרו בתורה ושכפרו בתחיית המתים ושפרשו מדרכי צבור ושנתנו חתתם בא
כגון הפרנסים המטילין אימה יתירה על הצבור שלא לשם שמים ושחטאו ושהחט
הרבים כגון ירבעם בן נבט וחביריו יורדין לגיהנם ונדונין בה לדורי דורות
וראו בפגרי האנשים הפושעים בי כי תולעתם לא תמות וגו׳ וענגם הנותנים חתתם
חיים מחמשה פנים השנים מצד עצמו והשלשה מצד היגם השנים שהם מצד עצמו
כי האנוש רמה ותולעה וכן נקרא גם עוד בחיים חייתו ולא דיו שלא ישח ולא י
ישתרר גם השתרר שלא לשם שמים וגם במחשבת הגאוה מבלי השתרר כפשר הא
תועבת ה׳ כל גבה לב׳ והשני כי האדם חייב להכין מערכי לבבו בכל עת להשכי
אימה ויראה מעל פני השי״ת ועל הרשעים כאמר וכל יאמרו בלבבם כירא כא את ה
הנותן חתיתו בארץ חיים שלא לשם שמי׳ אין בלבו אימה מלפני השם ורוצה להטיל
על בריותיו ותחת שים לו לערוך מחשבו׳ להשכין אימת השם בלבו הוא עורך אותם
אימת עצמו על עם ה׳ וכ׳ מושל באדם צדיק מושל יראת אלהים׳ פי׳ ראוי לה

משתבחת ולמה כפר תורות לכתוב בלעג׳ שפה הנגאר
מי שלא למד לשונה הקדוש ילך וילמוד ואי הוה סריכן
או הוה כפיק מיניה אורבא דהיה לשון הקדש משתבחת
למורי ועדלו הפרת תורתך איכא עת לעשות ליה
כתב רב עמרם גאון ר״ב נטרונאי אלו שאין מתרגמין
והאומרין אין אנו צריכין תרגום דדבין אלא בלשון שלנו
אנו היום סן סף סימן מיכך אכלאלה הני מיכן
זכמו נשולן יקף ז״ן צ״נך ז״ל לן ר״ן

החלק האחד

איש כזב אשר תורה עזב׳ וירע ויטחית במענה פיו כמו המכחש בעמיתו בפקדון או בתשומת יד או בגזל שכיר שנ׳ לא תכחשו ולא תשקרו איש בעמיתו׳ וכן העונה ברעהו עד שקר וכ׳ לא תענה ברעך עד שקר׳ ומן החלק הזה בכלל התרמית והאונאות במסחרים ובשותפות וכ׳ לא תונו איש את עמיתו׳ וכ׳ ולא ימיש מרחובה תוך ומרמה ונקרא איש און ונקרא בליעל והוא כבד עון בכתות הרשעי׳ כאשר הקדמנו בשערי יראת חטאתוה׳ זה איש האון שהוא קורץ בעיני מולל באצבעותיו כמו שנ׳ אדם בליעל איש און וגו׳ קורץ בעיניו עומר ״

החלק השני

המשקר ואין בעצם השקר נזק והפסד לחברו אך יתכן בו לעשות הכם [illegible] הנזק וגו׳ הרע כמו המתעה את חברו [illegible]

וישלח לו

נ ח ובני בלהה שפחת רחל דן ונפתלי : ובני זלפה שפחת לאה גד
ואשר אלה בני יעקב אשר ילד לו בפדן ארם : ויבא יעקב אל
יצחק אביו ממרא קרית הארבע הוא חברון אשר גר שם אברהם
ויצחק : ויהיו ימי יצחק מאת שנה ושמנים שנה : ויגוע יצחק וימת
ויאסף אל עמיו זקן ושבע ימים ויקברו אתו עשו ויעקב בניו :

Ce petit Hebreu est de [illegible] [illegible] [illegible] [illegible] [illegible] [illegible] [illegible] [illegible] a [illegible] a [illegible] de [illegible]

כי אתם עברים את הירדן לבא לרשת את הארץ אשר נותן ל
לכם וירשתם אתה וישבתם בה : ושמרתם לעשות את כל ה
החקים ואת המשפטים אשר אנכי נותן לפניכם היום : שאלה

אברהם יצחק יעקב דוד שלמה אהרן משה יששכר מאיר שמואל
ראובן שמעון לוי יודא יששכת זבולן דן ונפתלי גד ואשם יוסף
אא בבב גגגג דדד ההה וו וווו חח טט יי ככככ הה דדלל ללל
מם מם מממםם סס עע פפף צצצ ץ נן קק שש תת

שמונים שנה ורהבם עמל ואון כי גז חיש
ונעפה : מי יודע עז אפך וכיראתך :
עברתך : למנות ימינו כן הודע ונבא
לבב חכמה : שובה יי עד מתי והנחם על
עבדיך : שבענו בבקר חסדך ונרננה
ונשמחה כל ימינו : שמחנו כימות עניתנו
שנות ראינו רעה : יראה אל עבדיך
פעלך והדרך על בניהם : ויהי נעם יי
אלהינו עלינו ומעשה ידינו כוננה עלינו
ומעשה ידינו כוננהו :
יושב בסתר עליון בצל שדי

[illegible] est ce petit Heb. [illegible] [illegible] [illegible] [illegible] [illegible] [illegible] [illegible] [illegible] [illegible] [illegible] [illegible] [illegible] [illegible] [illegible] [illegible] [illegible] [illegible]

[illegible]

דכאי רוח יושיע ׃ רבות רעות צדיק

ומכלם יצילנו יי ׃ שומר כל עצמותיו

אחת מהנה לא נשברה ׃ תמותת רשע

רעה ושנאי צדיק יאשמו ׃ פודה יי נפש

עבדיו ולא יאשמו כל החוסים בו ׃

תפלה למשה איש האלהים יי מעון

אתה היית לנו בדור ודור ׃

בטרם הרים ילדו ותחולל ארץ ותבל

ומעולם ועד עולם אתה אל ׃ תשב אנוש

עד דכא ותאמר שובו בני אדם ׃ כי אלף

iiii z

שמר מצותי וחיה׳ — משלי ד׳

צוח מראש הרים יצוחו׳ צוחה על היין׳ וצוחת — ישעיה מ״ב׳ ישעיה כ״ד

ירושלם עלתה׳ וצוחתך מלאה הארץ׳ — ירמיה י״ד׳ ירמיה מ״ו

ענינם ענין צעקה על הרעה הבאה על האדם׳ — נימוק

צול האומר לצולה חרבי׳ פי׳ על בבל שהיא — ישעיה מ״ד

מקום מים׳ ובתוספת מ״ם ותשליכני מצולה׳ — יונה ב׳

במצולות ים׳ ובחלם ירדו במצולות כמו אבן׳ — מיכה ז׳׳ שמות ט״ו

כמחשכים במצולות׳ ואת רודפיהם השלכת במצולות׳ — תלים פ״ח׳ נחמיה ט׳

ענינם ענין ריבוי המים ועומקם׳

צום למה צמנו ולא ראית׳ ויצמו שבעת ימים׳ — ישעיה נ״ח׳ שמואל א׳ ל״א

ויצם דוד צום׳ וצומו עלי ואל תאכלו ואל — שמואל ב׳ י״ב׳ אסתר ד׳

תשתו׳ הצום צמתוני אני׳ פי׳ אם צמתם בעבורי וכי — זכריה ז׳

אני צויתי לצום אלא בעונות אבותיכ׳ שחרב הבית ומה

אין בין העולם הזה לימו' הל' תשובה פ"ט
הניף מהן ומפרס תפלה ב"ז
המהלך במקום סכנה הל' תפלה פד'
היה רוכב על גבי החמור ב"ז
היה יושב באסדא או בספינה ב"ז

גמרא

ותיקים היו גומרין אותה הל' תפל' פב
טעה ולא התפלל ערבית מתפלל ב"ז
טעה ולא התפלל מנחה מתפלל ב"ז
זה שבטל קבע של ערבית ב"ז
לא התפלל מנחה בשבת ב"ז
מבדיל בראשונה ואינו מבדיל בשניה ב"ז
תפלות כנגד תמידין תקנום פא
תפלת הערב אין לה קבע פב'
עד פלג המנחה ב"ז
עד ועד בכלל ב"ז
שמחנכין את הקטנים הל' וב' ואילך פה'
ושמעמידין את האדם על ה' בריכין פ'יב'
ושנשקל תרנגול הל' שחיטה פב'
ועל היין בן מ' יום הל' אסו' מזבח פו'
ועל תמיד של שחר שקרב ד' ה' תפלה פב
כלי של שבת בערב שבת ב"ז
אסור לעבור כנגד המתפללין פ'ה'
אין לד' אמות ב"ז
ושחולק על ישיבתו של רבו ב"ז
כלי של מוכתי שבת בשבת הל' תפלה פ'ב'
אל יתפלל אדם כנגד רבו הל' ת"ת' פה'
והנותן שלום לרבו ב"ז
שאומר קדושה על הכוס הל' שבת פ'כט'
ואומר הבדלה על הכוס הל' שבת פכ'ט'
תפלת ערבית רשות הל' תפלה פ'ג'
גבר עלה מכוחרב ה"ל אסו' ביאה פיב
נקרא פי פעם ה"ל תפלה פ'ג
מתפלל של מנחה ואחר מתפלל ב"ז
אלא בבני עמודי הברזל בראשי ב"ז
לעולם ימוד אדם עצמו ה"ל תפלה פ'ב
בשתתכון דעתו עליו ב"ז
טעה ולא הזכיר של ראש ח' ב'ז

פרק אין עומדין ג

המשנה
חסידים הראשונים היו הל' תפלה פ"ד
אפי' המלך שואל בשלומו הל' תפלה פ"ו
אפי' נחש כרוך על עקבו ב"ז
מזכירין גבורות גשמים הל' תפלה פב'
ושואלים את הגשמים ב"ז
והבדלה בחונן הדעת ב"ז
האומר על קן צפור הל' תפלה פט
העובר לפני התיבה הל' תפלה פי
אלו ברכות שאדם הל' תפלה פ'ח
העובר לפני התיבה הל' תפלה פיד
אם אינו לא שאונה הל' תפלה פ' טו

פרק כיצד מברכין

כיצד מברכין על הפירות הל' ברכו' פח'
שעל היין הוא אומ' הל' ברכ' פיד
שעל הפת הוא אומר המוציא הל' ברכות פב
על הירקות הוא אומר הל' ברכות פ'ח
בירך על פירות האילן ב"ז
ועל כולם אם אמר שהכל ב"ז
ועל דבר שאין גדולו מן הארץ ב"ז
על החומץ ועל הנובלות ב'ז
מברך על איזה מהן שירצה ב"ז
בירך על היין שלפני המזון הל' ברכ' פ'ד
בירך על הפת פטר הפרפרת ב"ז
הרי שישבו כל אחד ואחד הל' ברכות פח
בא להם יין בתוך המזון הל' ברכות פד
הוא אומר על המוגמר הל' ברכות פ'ט
זה הכלל כל שהוא עיקר הל' ברכות פג'
הבל תאנים ענבי ורמונים ה"ל ברכו' פח
השותה מים לצמאו הל' ברכות פח

גמרא

כל הנהנה בלא ברכה הל' ברכות פד'
אין הגדול חייב מעשר הל' מעשר פד'
מנין זית מברכין עליו של ברכות פט

עושה מקשה
טהור שומע
מכאן לרבות
רבה גביעיה
ואת כפתוריה
הכתוב מיעט
עיה בפתוקיה
תותיה תלמוד
נטולות תלמוד
את הכבתים
אבי מלקחיה
זכבתים ואת
ג אומר אותה
אותה ומה אני

לא נודה לו במה שאמר
שהכל מקשה אלא כסבור כל
נחמיה שאומר שהנרות לא
היו מקשה אבל לא יודה
לו במה שאמר שלא היו
מן הככר ובזה הפסוקים
מתיישבים שהכל אם כ
כסבור כי נודה במה שאמ
שהנרות היו מקשה למה
הוצרך הפסוק לומ' את כל
הכלים שיהיו של זהב אם
על הנרות מן הידוע הוא
כיון שהם מקשה אם על
המלקחים ומחתותיהם
אמר בפירוש ומלקחיה
ומחתותיה זהב טהור אבל
בדרך הפשט שפירש הר"ם
במקומו סברת כל אחד
מהם על דרך שפירשתי
מתיישב יפה ... ואתה

מ
את
ולא
איהן
על
להם
רבי
יבא
כלים
רת כל
דרך
זהב
ם את
ר רך
ת כל
כליה
באומר
נותיה
ה שד

נותיה ואם תאמר אם כן
שהם מגוף המנורה מקשה
איך יאמר את כל הכלים
האלה שנראה שהם נפרדים
ממנה לזה אומר ולעולם כן
יקראם וכו' והקשה לו שאם
כן שהנרות הם מקשה איך
אמר ר' נחמיה שאינם מן
הככר לזה אמ' וגם אמרו
לדעת ר' נחמיה וכו' שאין
הנרות עמה מקשה ולפיכך
שהייתי יכול לומר שמה
שאמר בסוף הברייתא ואת
אבי מקיה וכו' הוא בין לר'
יהודה בין לר' נחמיה ואם
כן כמו שאנו כוללים לכל
הכלים שיהיו של זהב גם
כן נכללים בשיהיו מן
הככר לדעת רבי יהודה
שאמר למעלה שהנרות מן
הככר ואם כן יסכים לפי
בזו הסברא אמם לזה אמר
הרב ז"ל שמה שאמר ואת
אבי מקייה וכו' לדעת רבי
נחמיה הוא אמור ואומר
הר"ם בדרך הפשט בענין
שיוסכם עם הגמרא שהכל
נודה למה שאמר ר' יהודה

פירקי אבות

שבעה דברים בגולם ושבעה בחכם חכם אינו מדבר לפני מי שגדול ממנו בחכמה ובמנין ואינו נכנס לתוך דברי חברו ואינו נבהל להשיב שואל ומשיב שומע ומוסיף שואל כענין ומשיב כהלכה ואומר על ראשון ראשון ועל אחרון אחרון ועל שלא שמע אומר לא שמעתי ומודה על האמת וחלופיהן בגולם :

שברכן שרז"ל בלקו' שהדך' ממר"סטף בפארים גלואלמו ליכי נארפתי' עשם :

יסבבו	Futurum	סבבים
תסבבו	אסבב	סבבת
תסבב	יסבב	סבבות
תסבבי	תסבב	Infinitiuus
תסבבנה	נסבב	סבוב

CONIVGATIO HIPHIL.

מסבים	הסבונו	Præteritum
מסבת	הסבת	הסב
מסבות	הסבות	הסבות
Paul	הסבותן	הסבותי
מוסב	Benoni	הסבו
מוסבים	מסב	הסבותם

אם תשוב ישראל נאם יהוה אל
תשוב ואם תסיר שקוציך טפניי
ולא תנורו נשבע תחייהוהבאט
ת בשטפטוב צרקהוהת ברכובו
גוים ובו יתהללו · יה ערף אחון
ג ק י ס יה ר פ ת ב ג ק ב ב
ה ז א א ב ר א צ ז פ צ

גברת יה חנון ורחום לפלי
כי ילעדית תפארת
ורא סגיאות טובתיך מה

וקריעת גלר והגיעו ויקום תפלין ומפשיט והוד
ומעוין בכי וזעקה הקול זה כמו ישמעאל עד
החיים את יי קדושו ואחרון חפשו את ר עקיב
ר את השם כמו תנו ראשון בהחוק ושוט והחכת
נמשו כעוכ טפר אשירי ר עקיבא חלקך בטוב
דיו ודורש תורה כלי ושוק בה עגנה גדיה
הוא כרתהו ונשק שני כמעצים דרש

www.ingramcontent.com/pod-product-compliance
Ingram Content Group UK Ltd.
Pitfield, Milton Keynes, MK11 3LW, UK
UKHW021135230726
13926UKWH00002B/818

9 782014 446043